監修者——加藤友康／五味文彦／鈴木淳／高埜利彦

［カバー表写真］
清涼殿上の清和天皇(左)と藤原良房
(『伴大納言絵巻』部分)

［カバー裏写真］
応天門炎上
(『伴大納言絵巻』部分)

［扉写真］
京都御所紫宸殿

日本史リブレット人 015

藤原良房

天皇制を安定に導いた摂関政治

Kon Masahide

今 正秀

目次

桜花と望月

年ふれば齢《よわい》は老いぬ　しかはあれど　花をし見れば物思ひもなし

年数をへるままにわが身は老いてしまった。しかし、そうはいうものの、この美しい花をみていると、なんの悩みもありはしないよ。

（現代語訳は片桐洋一氏による）

『古今和歌集《こきんわかしゅう》』▲におさめられたこの歌は、本書の主人公藤原良房（八〇四～八七二）の詠《えい》。文徳《もんとく》天皇の后《きさき》となって惟仁親王《これひとしんのう》（清和《せいわ》天皇）を産み、染殿后《そめどののきさき》と呼ばれた娘　明子《あきらけいこ》の前にすえられた桜花をみて、それに明子を重ねてよんだ。古典文学研究者で歌人の金子元臣氏は、「句毎に力量があって、首尾に少しの弛《ゆる》みもないのは、恰《あたか》も強弓《ごうきゅう》を張ったやうである。廟廊《びょうろう》の気象《きしょう》が自然に備はってゐ

▼**『古今和歌集』**　醍醐《だいご》天皇の命《めい》を受け、十世紀初めに紀貫之《きのつらゆき》らが撰した初の勅撰《ちょくせん》和歌集。二〇巻、約一一〇〇首からなる。良房の歌は巻第一春歌上におさめられ、「花」が梅から桜にかわる時期の歌に位置づけられる。なお、『枕草子《まくらのそうし》』二十段には、清少納言《せいしょうなごん》がこの歌の第四句を「君をし見れば」とかえて一条《いちじょう》天皇中宮定子《ちゅうぐうていし》をたたえた話をおさめる。

る」と評されている。

藤原氏の栄華を誇る和歌といえば、良房五代の子孫藤原道長《みちなが》▲の「此世《このよ》をば我世とぞ思ふ　望月《もちづき》の虧《か》けたる事も無しと思へば」が知られている。道長はこの歌をよんだとき五三歳。良房はさきの歌を四五歳から五〇歳のあいだでよんだとの説があり、二人が歌をよんだ年齢は近いようだ。が、道長の歌は道長自身が「誇りたる歌」と断わったように得意満面さが表立つのに対し、良房の歌からは鷹揚《おうよう》な構えと満ちたりた思いが伝わってくるようである。

藤原良房をめぐるこれまでの研究を概観すると、二つの特徴を指摘できよう。一つは、良房についてはおもに摂関《せっかん》政治の成立を考察するなかで取り上げられてきたことである。良房が摂政《せっしょう》となり、その後継者の藤原基経《もとつね》が摂政、ついで関白《かんぱく》となったことから、平安《へいあん》時代中期を特徴づけ、形式的には江戸《えど》時代の終りまで続いた摂関政治という政治形態が始められた。最初の摂政であることから、良房の摂政はそれ以後の摂政とは異なる点があると考えられ、さまざまに論じられてきた。それについては本書で私なりの理解を示したい。

▼**藤原道長**　九六六〜一〇二七年。一条《いちじょう》・三条《さんじょう》天皇の内覧《ないらん》、後《ご》一条天皇の摂政。摂政を一年余で子の頼通《よりみち》に譲り、大殿《おおとの》として頼通を後見《こうけん》。望月の歌は、娘彰子《しょうし》(太皇太后《たいこうたいごう》)とともに妍子《けんし》が皇太后、威子《いし》が中宮となった際によんだもの。自筆の『御堂関白記《みどうかんぱくき》』が残る。

　今一つは、そうした研究のなかでふれられる良房の人物評が、権力を握るために権謀《けんぼう》術数《じゅつすう》を弄した策略家というかんばしくないものであることである。

　歴史学の研究は、今日まで残された史料に基づいて歴史事実を復元し、復元された歴史事実相互の関係を考え、それを積み重ね、広げていくことで一つの時代や社会のあり方とその変化の諸相を明らかにすることを課題としている。歴史事実として認識される過去の出来事は人間がなしたことであるから、歴史研究者は研究を通じて有名無名を問わず多くの人間に出会い、その生き方にふれることになる。その結果、研究者のなかで、過去に生きた人びとの人物像や評価が形成されるのは当然であるといえる。しかし、逆にそうしたものを前提に歴史事実を理解しようとすると、それが先入観となり、事実認識をあやまらせることがないわけではない。

　本書ではこれまでの研究でふれられてきた良房の人物像についてはひとまず措き、史料に基づいて叙述を進めたい。もちろん、読者が本書を通じてそれぞれの良房像を描いてくださるならば、著者としては望外の喜びである。

①―めぐまれた出発

誕生のころ

良房は八〇四（延暦《えんりゃく》二十三）年、藤原冬嗣《ふゆつぐ》と藤原美都子《みつこ》の二男として生まれた。良房が生を享《う》けた藤原北家《ほっけ》は、中臣鎌足《なかとみのかまたり》▲を祖とし、その子藤原不比等《ふひと》▲の四人の男子、武智麻呂《むちまろ》・房前《ふささき》・宇合《うまかい》・麻呂《まろ》がそれぞれ興こした南家《なんけ》・北家・式家《しきけ》・京家《きょうけ》の一つである。同母の兄弟に兄長良《ながら》、妹順子《のぶこ》、弟良相《よしみ》があり、彼らは幼少時をともにすごしたはずである。

良房誕生の二年後、桓武《かんむ》天皇が世を去った。「軍事（対蝦夷《えみし》戦争）と造作（長岡《ながおか》京《きょう》・平安京《へいあんきょう》造営）」をはじめとする諸施策を推し進めてきた二五年余の治世の終焉は、とくに天皇とともにあった貴族《きぞく》たちに一つの時代の幕がおりたことを感じさせたであろう。

皇位を継承したのは皇太子安殿親王《あてしんのう》、すなわち平城《へいぜい》天皇である。即位直後の任官で、良房の祖父藤原内麻呂《うちまろ》は大納言《だいなごん》から右大臣《うだいじん》となり、廟堂《びょうどう》の首班となった。平城は神経質なところはあったが観察使《かんさつし》▲設置や中央官司《かんし》の大規模な統廃合

▼**中臣鎌足**　六一四〜六六九年。中大兄《なかのおおえ》皇子・天智《てんじ》天皇側近。乙巳《いっし》の変以来、唐の朝鮮半島侵攻、百済《くだら》・高句麗《こうくり》の滅亡という東アジアの激動に対処するための国制改革に尽力。死に臨み、功により藤原姓をあたえられた。

▼**藤原不比等**　六五九〜七二〇年。中臣鎌足男。右大臣にのぼる。大宝《たいほう》律令編纂に従事し、養老《ようろう》律令編集にも着手。持統《じとう》天皇の信任をえて娘宮子《みやこ》を文武《もんむ》天皇に、さらに光明子《こうみょうし》を聖武《しょうむ》天皇にいれた。藤原氏発展の基いを築く。

▼**観察使**　地方行政監察のため八〇六（大同《だいどう》元）年設置。初め参議をあてたが、翌年に参議が廃され観察使専任となった。その奏言《そうげん》に基づく政策も多く実施されたが、平城太上天皇と嵯峨天皇の対立が深まるなか、廃止された。

などに取り組み、政務に熱意を示していた。が、心身の不調を理由に在位三年で同母の皇太弟賀美能《かみの》親王に譲位する。即位した嵯峨《さが》天皇の皇太子には平城の子高丘《たかおか》親王が立てられた。太上《だいじょう》天皇となった平城はその年のうちに幼少期の思い出の残る平城旧京《へいじょうきゅうきょう》に遷り、そこで静養につとめることとなった。

ところが、翌八一〇(弘仁《こうにん》元)年九月、平城太上天皇は平城京への遷都《せんと》を命じる。突然のことに人びとが動揺するなか、厳戒態勢がしかれ、嵯峨天皇は詔《みことのり》をだした。その内容は、「尚侍《ないしのかみ》▲藤原薬子《くすこ》は太上天皇が皇太子のときに仕えていたが、人柄がよくなかったので桓武天皇が追放した。ところがふたたび太上天皇に近づき、権勢をほしいままにし、太上天皇の命《めい》ではないことを命と偽り、種々の悪事を行っている。太上天皇に仕えているためみのがしてきたが、太上天皇と天皇のあいだを阻隔《そかく》しようとしており、このままにしておくと大乱が起きてしまう。また、桓武天皇が『万代宮《よろずよのみや》』と定めた平安京をすて、平城古京へ遷都することを勧めて天下を混乱させている。薬子の官位《かんい》を解いて追放せよ」というものであった。すでに身柄を拘束されていた薬子の兄藤原仲成《なかなり》についても、妹のあやまちを改めなかったなどとして佐渡権守《さどごんのかみ》への左遷を命じた。平城は

▼**尚侍**　令に規定された後宮《こうきゅう》十二司の一つ内侍司《ないしのつかさ》の長官。天皇に常侍し、奏請《そうせい》・宣伝にあたるとともに、後宮女官《にょかん》の管理を任とした。平城太上天皇の変を契機に、奏請・宣伝の任は男官の蔵人にとってかわられた。

東国《とうごく》へ逃れようとしたが、精兵を率いて機先を制した坂上田村麻呂《さかのうえのたむらまろ》▲に行く手を阻まれ、平城宮へ戻って出家《しゅっけ》。薬子は自害し、仲成は射殺された。なお都《みやこ》での処刑は、このあと保元《ほうげん》の乱《らん》まで三五〇年近く行われていない。

この出来事は、以上の『日本後紀《にほんこうき》』▲の記述から長く「薬子の変《へん》」と呼ばれてきた。が、真相は健康を回復した平城太上天皇がふたたび政治に意欲を示すようになり、嵯峨天皇とのあいだで天皇としての権力（天皇大権）行使をめぐって対立を深めていった結果であり、『日本後紀』の記述はすべての罪を薬子と仲成におわせようとの意図によるものであると考えられている。「平城太上天皇の変」と呼ばれるようになったのはそのためである。

この間、良房の祖父内麻呂は廟堂首班として、天皇と太上天皇の対立という事態を乗りきることに腐心したと思われる。平城・嵯峨ともに桓武と皇后藤原乙牟漏《おとむろ》の子で、両者の正統性に差はない。内麻呂は長子真夏《まなつ》を平城に、次子冬嗣を嵯峨に、それぞれの皇太子時代から側近として配していた。平城太上天皇の変は、真夏と冬嗣という一歳違いの同母の兄弟のその後を決定づけた。真夏は参議《さんぎ》を解任されたが、その後も平城に近侍し続け、二〇年後に没した。一方、

▼**坂上田村麻呂**　七五八〜八一一年。七九一（延暦十）年征夷副使《せいいふくし》、七九七（同十六）年征夷大将軍《たいしょうぐん》として対蝦夷戦争に従事。胆沢城《いさわじょう》を築いて鎮守府《ちんじゅふ》を多賀《たが》城から移し、阿弖流為《あてるい》らを投降させ、志波《しわ》城を築く。公卿となり、大納言まで進んだ。

▼**『日本後紀』**　『続日本紀《しょくにほんぎ》』について、桓武朝の七九二（延暦十一）年正月から淳和天皇譲位の八三三（天長十）年二月まで四一年二カ月を対象とした国史。全四〇巻であったが、今日残るのは一〇巻分しかない。

冬嗣は変の年に嵯峨天皇の蔵人頭《くろうどのとう》、▲翌年には参議となり、さらに翌年父内麻呂が没すると、その後継者としてあゆんでいった。

わずか七歳であった良房に、この変がなんらかの記憶を残したのかどうかはわからない。が、祖父内麻呂が父冬嗣を嵯峨天皇側近に配したことは、良房にとって幸運であった。

文華の時代

平城太上天皇の変で皇太子高丘親王▲は廃され、かわって桓武の第三皇子で平城・嵯峨の異母弟大伴《おおとも》親王が皇太子に立てられた。嵯峨は皇后橘《たちばなの》嘉智子《かちこ》所生の正子内親王《まさこないしんのう》を皇太子に配偶して兄弟間の融和につとめた。また唐《とう》の礼法の導入やあらたな儀礼の創始によって朝廷の儀容を整え、君臣《くんしん》関係の安定化をはかり、内裏《だいり》儀式・内裏式という儀式書や、それまでの法令を整理した弘仁格《きゃく》・弘仁式を編纂させた。嵯峨朝には「文章は経国《けいこく》の大業」といわれて漢詩文が重用され、文章生《もんじょうしょう》・文人から官人となり、公卿《くぎょう》にのぼる者もあらわれた。ただ、治世後半は連年の旱魃《かんばつ》による不作と飢饉《ききん》に悩まされ、八二〇(弘仁十一)年には

▼**蔵人頭**　蔵人所長官。平城太上天皇の変に際し、嵯峨天皇が側近の巨勢野足《こせのたり》・藤原冬嗣を任命したことに始まる。以後、天皇秘書官長として天皇と太政官の取次ぎをつとめるとともに、殿上《てんじょう》の管理・運営にあたった。

▼**高丘親王**　廃太子《はいたいし》後、僧となり東大寺《とうだいじ》にはいる。八五五(斉衡《さいこう》二)年に地震で東大寺大仏《だいぶつ》の頭部が落下すると修理責任者となり、八六一(貞観《じょうがん》三)年三月に完成させた。その後、唐に渡り、さらに天竺《てんじく》をめざしたが、マレー半島南部で客死した。

八一八(同九)年(京畿《けいき》内は八一九〈同十〉年)以前の租税未納・調庸《ちょうよう》未進をすべて免除するという非常措置を講じなければならないほどであった。

八二三(弘仁十四)年、嵯峨は三八歳で皇太子に譲位する。これまでは譲位した天皇はいわば自動的に太上天皇となったが、嵯峨がそれをやめて人臣《じんしん》の列にはいろうとしたのに対し、即位した淳和《じゅんな》天皇は嵯峨に太上天皇の号を贈った。こののちはこれが定着していくが、それは制度上は太上天皇の地位は天皇によってあたえられるものになったことを意味した。

また、譲位にともない嵯峨は内裏を退去し、平安京内の冷然院《れいぜいいん》▲、のち郊外の嵯峨院▲を居とした。それは、自身がふたたび天皇大権行使に関与しないことの表明であり、兄平城との対立を経験した嵯峨が、同様の事態を繰り返すまいとしての決断であったと考えられている。これにより、内裏は天皇の空間であることがはっきりした。以後、嵯峨のこうした自制的な姿勢に示される融和と安定への強い意志が宮廷《きゅうてい》を覆うことになる。淳和皇太子には嵯峨皇子正良《まさら》親王が、皇后には正子内親王が立てられたこともあいまって、退位後もなお嵯峨は宮廷社会で大きな存在感を有したのである。

▼**冷然院**　大内裏東方、左京《さきょう》二条二坊の三〜六町の四町を占める。八一六(弘仁七)年八月の嵯峨天皇の行幸《ぎょうこう》記事が初見。嵯峨没後は太皇太后橘嘉智子が居所として用いた。九五四(天暦《てんりゃく》八)年に火災を避けるため冷泉院と改められた。

▼**嵯峨院**　大堰《おおい》川畔に広大な敷地を有した嵯峨天皇離宮《りきゅう》。八一四(弘仁五)年閏《うるう》七月遊猟の際、嵯峨天皇が立ち寄ったのが初見。八七六(貞観十八)年には正子内親王により大覚寺《だいかくじ》とされた。

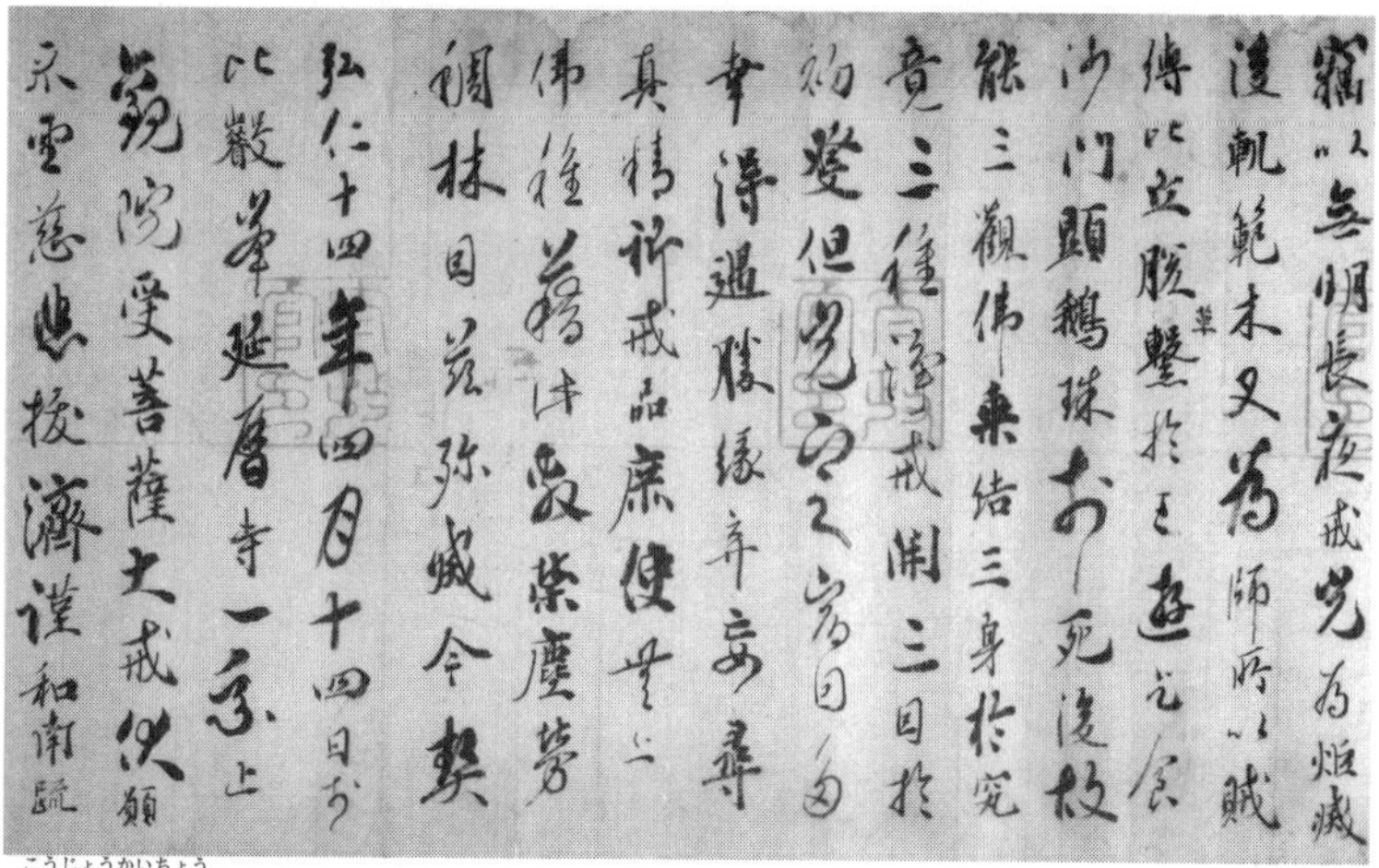

「光定戒牒《こうじょうかいちょう》」(嵯峨天皇筆)

平安京略図

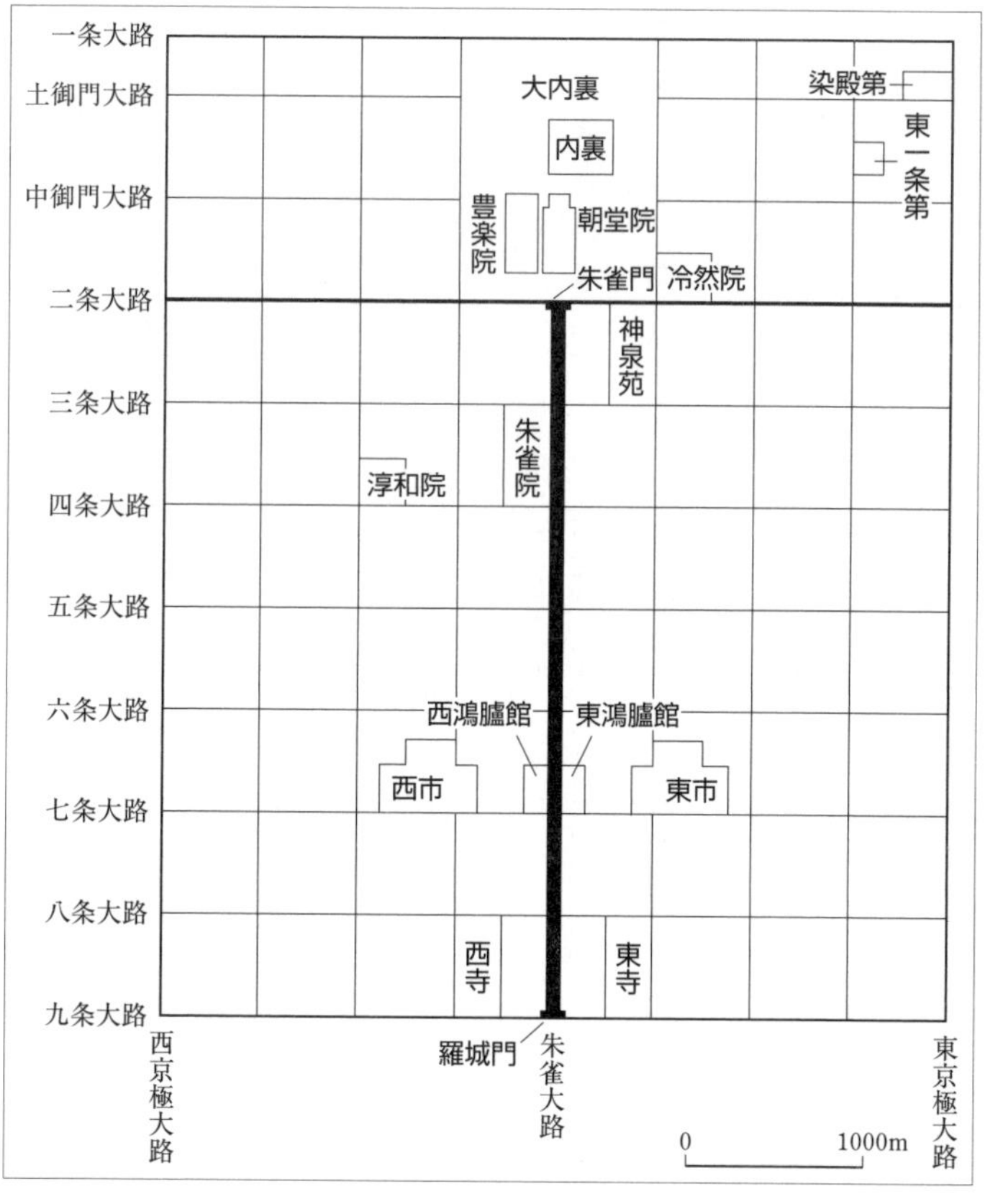

両親と妻

良房の父冬嗣は皇太子時代から仕えた嵯峨天皇の厚い信任をえて、八一八（弘仁九）年末には大納言で廟堂首班、二年余で右大臣、八二五（天長《てんちょう》二）年には左《さ》大臣となる。翌年には没しているが、左大臣は七八三（延暦二）年以来四〇年以上空席となっていたから、冬嗣の左大臣任官は注目されたことであろう。冬嗣は一族子弟のために施薬院《せやくいん》▲・勧学院《かんがくいん》▲をおき、また、氏寺興福寺《こうふくじ》に南円堂《なんえんどう》を建《こん》立《りゅう》して、父内麻呂発願《ほつがん》になる不空羂索観音《ふくうけんじゃくかんのん》像・四天王《してんのう》像を安置し、一族の繁栄を願って法華会《ほっけえ》を始めるなどしている。

母の美都子も尚侍として宮廷に出仕した。出仕しはじめた時期や、その活動について具体的に知ることはできないが、嵯峨・淳和両天皇の宮廷に仕えていたと考えられている。

両親が嵯峨天皇に信任されていたことの余慶《よけい》は若き日の良房におよんだ。嵯峨の娘源潔姫《みなもとのきよひめ》を妻に迎えたのである。嵯峨は潔姫の聟《むこ》としてふさわしい人物がえられないことを心配していたが、若き日の良房を見込んでとくに潔姫を嫁がせたという。

▼**施薬院**　飢餓・病者への施薬・治療、藤原氏の貧窮子女の救済、葬送などを行った。運営には冬嗣寄進の食封《じきふ》や藤原氏から大臣にのぼった者からの寄付などがあてられた。

▼**勧学院**　藤原氏出身の大学寮学生のための寄宿舎。八二一（弘仁十二）年に創設され、八七一（貞観十三）年には大学別曹《べっそう》として認可された。管理・運営は藤原氏によってなされ、寄宿生は食料を、成績優秀者は勧学院学問料も支給された。

令《りょう》の規定では、皇親身分にある女性と臣下《しんか》の婚姻は認められていなかった。七九三(延暦十二)年、現任の大臣や良家の子孫には三世以下の女性皇親との、藤原氏については代々の政治的功績を理由にとくに二世以下の女性皇親との婚姻を許すこととした。藤原氏が優遇されていることは明らかであるが、それでも皇女との婚姻は認められていない。潔姫が源姓を賜って臣籍《しんせき》となっていたことがこの婚姻を可能にした要因の一つではあろう。が、良房と潔姫の婚姻が七九三年の法以後はじめてのことであり、かつ、このあとは一〇〇年近く同様の事例がないことからすれば、やはり異例であったことが知られよう。

琵琶《びわ》をよくした潔姫が良房とのあいだに儲けた子どもとしては、本書冒頭でふれた明子が知られるだけである。良房の政治的地位を受け継ぐべき男子にはめぐまれなかったが、この明子が文徳天皇后となり、男子を産んだことで良房が天皇の外祖父《がいそふ》の地位をえる道が開かれたのである。なお、良房には潔姫以外の妻は知られていない。

仁明天皇近臣として

良房は八二五（天長二）年（翌年とする説もある）二二歳で淳和天皇の蔵人となり、八二八（同五）年従五位下《じゅごいげ》に叙されて蔵人を去る。八三〇（天長七）年には春宮亮《とうぐうのすけ》として皇太子正良親王に近侍することになり、八三三（同十）年正良親王が即位して仁明《にんみょう》天皇となると蔵人頭、翌八三四（承和《じょうわ》元）年には参議に任じられて公卿の一員となった。その翌年には上席にあった七人の公卿を超えて権中納言《ごんちゅうなごん》に昇進するとともに従三位《じゅさんみ》に叙され、八四〇（承和七）年には中納言となった。

こうした順調な昇進の背景には仁明天皇との親近な関係があった。『続日本《しょくにほん》後紀《こうき》』▲には、良房について「近習臣《きんじゅうのしん》」とある。また、同母の妹順子が皇太子時代の仁明に嫁し、第一皇子道康《みちやす》親王を産んでいたことも両者の結びつきをより深いものにしたであろう。

この時期の朝廷における政治的役割を考えるうえで参考とされるのが、太政官符《だいじょうかんぷ》・官宣旨《かんせんじ》の発給への関与である。この時期から摂関政治期の太政官における政務は、まず、太政官事務局である弁官局《べんかんきょく》で諸官司や地方諸国などからの上申を受けつけ、整理して公卿の決裁をあおぐ。その際、公卿のうち中納言

▼**『続日本後紀』**　『日本後紀』についで、八三三（天長十）年二月から八五〇（嘉祥《かしょう》三）年三月まで一七年二カ月におよぶ仁明天皇一代の記録をおさめる国史。

以上の一人がその日の政務の担当者(上卿《しょうけい》)となって対応する。上卿はみずから判断してよいことは決裁をくだし、より上席の公卿なり天皇なりの決裁をあおぐべきことについては、そう命じた。こうしてえられた上卿、または天皇の決裁は担当の上卿を通じて弁官局に伝えられ、弁官局ではそれを関係方面へ伝達するために官符・官宣旨を発給した。

官符・官宣旨からその政務を担当した上卿が知られるのだが、上卿を誰がどの程度つとめているか、すなわち政務への関与の度合いを政治的役割の指標とするのである。良房の祖父内麻呂は右大臣就任後、父冬嗣も大納言になって以後は独占的に上卿をつとめている。内麻呂や冬嗣は太政官の筆頭公卿であったが、良房は八三五(承和二)年に権中納言になると、上席に左・右大臣、大・中納言らが六人もいるにもかかわらず上卿として名をあらわすようになり、以後、仁明朝には上席の源常《ときわ》とならんで上卿をつとめている。良房が一貫して政務に精励しているようすをうかがうことができよう。

②―承和の変

皇太子、廃される

八三三(天長《てんちょう》十)年、仁明《にんみょう》に譲位した淳和《じゅんな》は嵯峨《さが》にならって内裏《だいり》から淳和院に遷る。翌年正月にはまず仁明が淳和を、つぎに淳和が嵯峨を、さらに仁明が嵯峨をたずねた。これ以後、天皇が年頭に直系尊属を訪問する朝覲行幸《ちょうきんぎょうこう》が定着する。

仁明は、淳和と皇后正子《まさこ》のあいだに生まれた恒貞親王《つねさだしんのう》を皇太子とした。恒貞は嵯峨の孫にあたり、嵯峨・仁明父子と淳和・恒貞父子の関係は良好にみえた。が、八四〇(承和《じょうわ》七)年淳和が世を去り、さらに二年後に嵯峨が没すると承和の変《へん》が起きる。

事は、平城《へいぜい》皇子で弾正台《だんじょうだい》▲長官であった阿保《あぼ》親王が太皇太后《たいこうたいごう》橘《たちばなの》嘉智子《かちこ》に書を送ったことに始まる。それには、七月十日に春宮坊帯刀《とうぐうぼうたちはき》▲の伴健岑《とものこわみね》が親王をたずね、「嵯峨太上《だいじょう》天皇がなくなろうとしているが、国家の乱が起きるであろう。皇太子恒貞親王を奉じて東国《とうごく》へいってほしい」と語ったことなどが書かれ

▼**弾正台**　官人・官司の監視と非違糾弾《ひいきゅうだん》にあたった令制官司。検非違使《けびいし》設置後は、しだいにその権限は検非違使に移っていった。

▼**春宮坊帯刀**　武器を帯して春宮の警衛にあたる舎人《とねり》。

▼**橘逸勢**　?〜八四二年。八〇四(延暦《えんりゃく》二十三)年、遣唐留学生《けんとうるがくしょう》となり入唐《にっとう》。唐で『琴書《きんしょ》』を学び、「橘秀才」といわれた。八〇六(大同《だいどう》元)年帰国。嵯峨天皇・空海《くうかい》とともに三筆《さんぴつ》といわれ、能書家として知られる。八一八(弘仁《こうにん》九)年には大内裏の北面三門の額を書いた。承和の変により配流される途中、遠江《とおとうみ》国で没した。のち、御霊会祭祀の対象とされた。

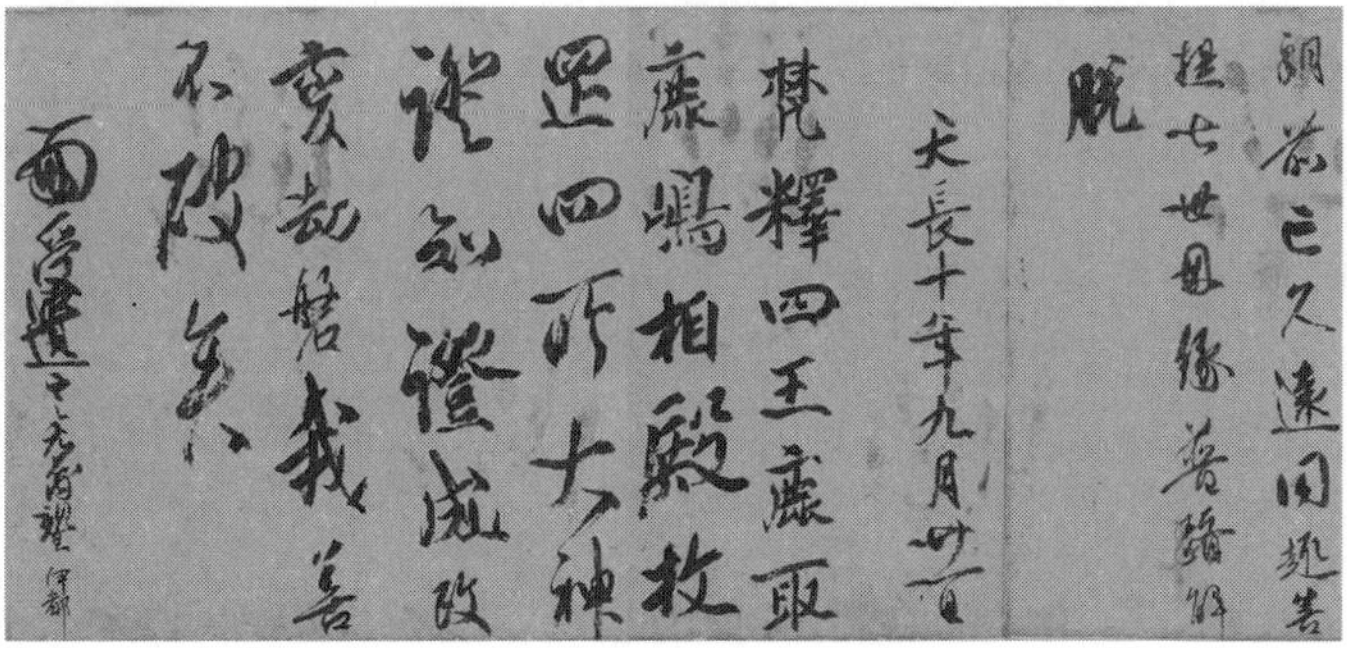

「伊都《いと》内親王願文《がんもん》」（伝橘逸勢筆）

ていたという。嘉智子は良房を御前《ごぜん》に召してこの書を渡し、良房はそれを仁明に奏した。

七月十五日に嵯峨が没すると、十七日に伴健岑と但馬権守《たじまごんのかみ》橘逸勢《たちばなのはやなり》▲の謀反《むほん》が発覚したとして二人は捕えられた。内裏と京《きょう》が厳戒され、京へ通じる五つの道も封鎖された。十九日・二十日には逸勢や健岑が取り調べられ、拷問《ごうもん》も行われた。が、逸勢は罪を認めなかった。天皇は四月から内裏修理のため冷然院《れいぜいいん》に遷っており、皇太子もこれに従っていたが、二十三日には左近衛少将《さこのえしょうしょう》で良房の弟良相《よしみ》が近衛四〇人を率いて皇太子の居所を囲み、春宮坊帯刀を集めて武装を解かせ、春宮坊官人《かんじん》や侍者《じしゃ》・帯刀、雑色《ぞうしき》まで身柄を拘束した。さらに、大納《だいな》言《ごん》藤原愛発《ちかなり》（内麻呂《うちまろ》子、良房伯父）、中納言《ちゅうなごん》藤原吉野《よしの》、参議《さんぎ》で春宮大夫《だいぶ》の文室秋津《ふんやのあきつ》も召しだされて冷然院中に幽閉された。そして同日、皇太子を廃する詔《みことのり》がだされた。二十六日には春宮坊官人に廃太子《はいたいし》と関係者の流罪《るざい》が宣告され、六〇余人が配所に送られた。二十八日、橘逸勢は橘姓を除かれて非人《ひにん》逸勢とされて伊《い》豆国《ずのくに》へ、伴健岑は隠岐《おき》国へ流された。公卿《くぎょう》であった藤原愛発は京外追放、吉野は大宰員外帥《だざいのいんがいのそち》、文室秋津は出雲《いずも》員外守に左遷された。

八月朔日には公卿が上表《じょうひょう》して皇太子を立てることを求めた。仁明は、自分には皇太子にふさわしい賢明な子はいないとしたが、重ねての上表を受け、道康《みちやす》親王を皇太子とした。

変の真相をめぐって

承和の変については、その真相についてさまざまに論じられてきた。古くは摂関《せっかん》政治成立過程における藤原氏による他氏排斥事件とされていたが、伴氏《ともし》▲や橘氏の政治的地位は、すでに藤原氏にとって脅威ではなくなっていた。とすれば、『続日本後紀《しょくにほんこうき》』が記す伴健岑・橘逸勢による謀反計画は本当にあったのかどうか。事の起こりが密告によるというのも胡散《うさん》臭いが、阿保親王の密告では皇太子を擁しての行動とされていた。しかし、健岑は春宮坊帯刀にすぎず、逸勢にいたっては恒貞親王との関係も定かでないばかりか、老病で出仕さえしていなかった。なによりも、彼らが行動を起こすことが皇太子に有利な状況を開くとは考えにくい。廃太子の詔も、皇太子は知らないことではあったろうがとわざわざ断わっている。とすれば、そもそも健岑・逸勢の謀反は事実無根、彼ら

▼**伴氏**　大伴《おおとも》氏が、淳和天皇即位にともない、その諱《いみな》大伴を避けて八二三(弘仁十四)年に伴氏と改めた。

は無実の罪を着せられたのではないかということになる。逸勢が没後の八五〇(嘉祥《かしょう》三)年に橘姓に復されて正五位下《しょうごいげ》、八五三(仁寿《にんじゅ》三)年には従四位下《じゅしいげ》を追贈《ついぞう》されているのも、すでにその時点で冤罪《えんざい》であったことを政府が認めたためと考えてよいだろう。ただし、健岑は八六五(貞観《じょうがん》七)年に隠岐から出雲へ遷されているだけで、なおゆるされてはいないのだが。

そこで変の結果、誰が大きな果実を手にしたのかに目が向けられる。恒貞にかわって皇太子となった道康は良房の妹順子《のぶこ》所生。道康が即位すれば良房は外《がい》伯父《おじ》となる。のちのことではあるが、その道康に良房は娘明子《あきらけいこ》を嫁がせ、そこに男子が誕生した。この男子が即位すると良房は外祖父《がいそふ》で摂政《せっしょう》となった。とすれば、恒貞廃太子、道康立太子《りったいし》は良房のその後に決定的な意味をもったことになる。しかも、良房は変の直前に右近衛大将《うこのえたいしょう》、直後に大納言に進んでいる。こうして変の黒幕として良房の名があがってくる。すべてを良房が仕組んだとまではいわないにしても、春宮坊の不穏な動きを良房が利用したとみるのである。

良房の人物像も含む研究者の主観に傾きがちなこうした研究に対して、承和の変を契機に貴族《きぞく》・官人構成に大きな変化があることに注目し、十世紀以降につながる貴族社会の形成との関連で、この変を位置づけようという研究もなされた。桓武朝における天皇主導の官人登用や嵯峨朝の文人登用で官人構成が多様化し、その傾向は公卿にもおよぶようになっていた。が、承和の変以後官人構成が固定化し、公卿や主要官司《かんし》の上級官職が藤原氏と賜姓源氏《しせいげんじ》▲などに限られていく貴族化・門閥《もんばつ》化が顕著になる。摂政・関白《かんぱく》の成立とその藤原氏による独占も、こうした動向の一環として理解できるというのである。

　さらに近年では、この変を皇位継承のあり方から読み解こうとの見解も示されている。私もそれを是とするので、以下、私見を交えながら述べていこう。

奈良時代の皇位継承

　話は律令《りつりょう》国家成立期にさかのぼる。六八六(朱鳥《しゅちょう》元)年天武《てんむ》天皇が没した。その後継者には草壁《くさかべ》皇子が予定されていたが、翌年には草壁も没してしまう。草壁には男児軽《かる》皇子があったが、当時は成人でなければ即位できなかったため、軽の成長を待つべく、天武の皇后で草壁の母、軽の祖母にあたる持統《じとう》天皇が即

▼**賜姓源氏**　天皇の皇子女で源姓を賜り臣籍となった者。八一四(弘仁五)年、嵯峨天皇が財政負担軽減を理由に所生男女五〇人のうち、生母の身分により三二人に源姓をあたえたのが始まり。賜姓源氏のなかには公卿にのぼる者もあり、のちには嵯峨源氏にかわって村上源氏が藤原氏とならんで貴族社会を構成する代表的貴族となっていった。

皇位継承と関係系図（Ⅰ）

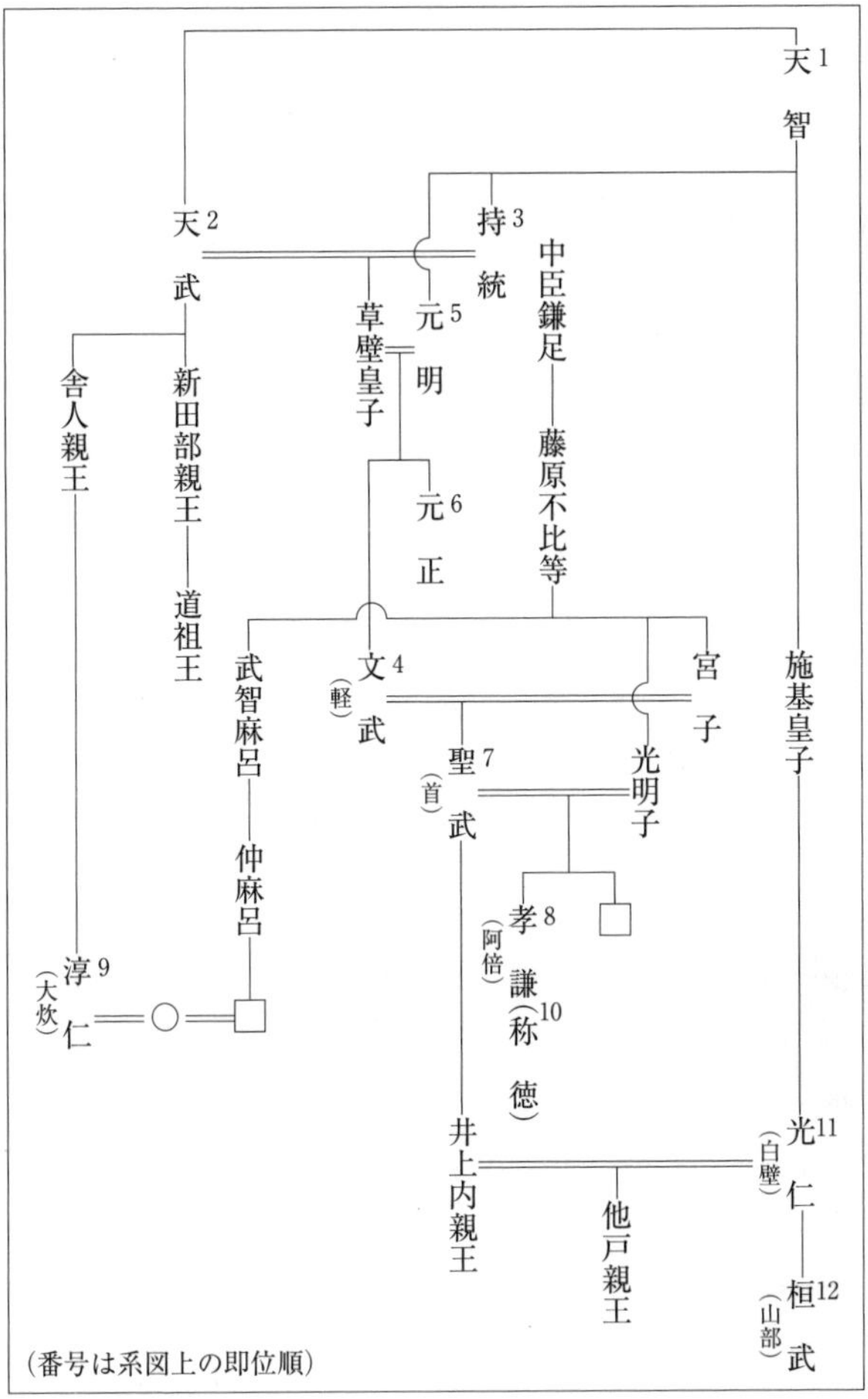
天智 1
天武 2
持統 3
中臣鎌足
藤原不比等
草壁皇子
元明 5
元正 6
舎人親王
新田部親王
道祖王
武智麻呂
仲麻呂
文武 4（軽）
宮子
施基皇子
聖武 7（首）
光明子
孝謙 8（阿倍）（称徳）10
淳仁 9（大炊）
井上内親王
他戸親王
光仁 11（白壁）
桓武 12（山部）
（番号は系図上の即位順）

位した。六九七年、持統は成人した軽に譲位し、文武《もんむ》天皇が即位する。文武は藤原不比等《ふひと》の娘宮子《みやこ》とのあいだに男児首《おびと》皇子を儲けるが、その成人を待たずに没した。残された首の成長を待つため、草壁の妻で文武の母、首の祖母にあたる元明《げんめい》が即位した。持統即位と同じ事情である。本来なら、元明が首の成人まで在位するはずであったのだろうが、途中で元明はみずからの娘で文武の姉、首の叔母にあたる元正《げんしょう》に譲位した。こうして二代の女帝をへて、ようやく首の即位が実現した。聖武《しょうむ》天皇である。持統・元明・元正の三人の女帝は、天武―草壁―文武―聖武という天武・草壁直系に皇位を継承させていくための中継ぎであった。

聖武は、皇位継承にかかわって異例を重ねている。まず、光明子《こうみょうし》とのあいだに生まれた男児を生後一カ月ほどで皇太子に立てた。乳児の立太子は前例がない。その男児が夭逝すると、光明子を皇后に立てた。令《りょう》制では皇后は皇女に限られていたにもかかわらずである。さらには、光明子とのあいだに生まれていた阿倍《あべ》内親王《ないしんのう》を皇太子とした。女性立太子も例がない。

従来はこれらを藤原氏の権勢確立という視点でとらえ、たとえば光明立后《りっこう》は藤原氏所生の男子皇位継承者がいなくなったため、聖武に万一のことがあった場合は光明子を即位させることを意図したものとされてきた。が、皇位継承における天皇の主体性を重視し、これらを聖武の意志から読み解く説が示されている。それによれば、聖武はみずからと同じく藤原氏の女性を母とする皇子に皇位を継承させようとしたのであり、期待の皇子が死去したあとの光明立后は、なおも光明子所生皇子の誕生を期待し、その子を皇位継承者とするという聖武の強い意志の表明であった。しかし、その実現性が遠のいた結果、次善の策として光明子所生の阿倍内親王(孝謙《こうけん》天皇)を即位させたというのである。

孝謙の女帝としての特異性は、持統・元明・元正が皇位を渡すべき男子が明らかなうえでの中継ぎであったのに対し、そうした男子がいないまま即位したことにある。孝謙即位後、皇太子が定められなかったのは、光明子所生皇子への皇位継承にかわるあらたな皇位継承のあり方を聖武が決めかねていたためであろう。が、皇位継承のゆくえが定まらない状態は政治不安をもたらす。それを解消すべく、天武皇子新田部《にたべ》親王を父にもつ道祖王《ふなどおう》を皇太子として聖武は世を去った。

▼**藤原仲麻呂**　七〇六〜七六四年。藤原武智麻呂《むちまろ》男。光明皇太后の信任をえて、皇太后のために設けられた紫微中台《しびちゅうだい》の長官となり、さらに紫微内相《ないしょう》となって軍事権を握る。橘奈良麻呂《ならまろ》の乱で反対派を一掃し、権力を確立して淳仁天皇から恵美押勝《えみのおしかつ》の名を賜ったが、光明皇太后没後、孝謙太上天皇と対立し、敗死した。

しかし、天武・草壁直系に対しては傍系でしかなかった道祖王の正統性の根拠は、聖武の指名にしかなかった。聖武なきあと、それは容易にくつがえされて道祖王は廃され、天武皇子舎人《とねり》親王を父とする大炊王《おおいおう》が立太子する。藤原仲《なか》麻呂《まろ》の意によることは確かだが、聖武の意志を否定することは、聖武に匹敵する政治的存在の了解がなければできなかったであろう。それは光明皇太后を措いてほかにない。が、光明皇太后の存在と仲麻呂の力に支えられて即位した大炊王・淳仁《じゅんにん》天皇もまた傍系でしかなく、この二つの後ろ盾を失うと正統性も存立の基盤ももちえなかった。

天武から聖武にいたる直系を継ぎ、したがってもっとも正統性を備えていたのは孝謙太上天皇であった。光明皇太后なきあと、孝謙と淳仁・仲麻呂の対立が顕在化するのは、光明皇太后在世中はその後景に位置してきた孝謙が、母光明の死を契機に、父聖武から皇位継承について全権を委ねられたとの確信をもって、みずからの意志のもとに皇位継承を律しようとしたためである。

孝謙がみいだしたのは、異母姉妹井上《いのうえ》内親王を通じて聖武の血を受け継いだ他戸《おさべ》であった。他戸への皇位継承を実現するべく、孝謙は淳仁を廃する。そして、他戸の成人までの中継ぎとしてみずから重祚《ちょうそ》した（称徳《しょうとく》天皇）。しかし、称徳が意中の人を明らかにしなかったため、皇嗣をめぐる疑心暗鬼から政情は不安定さを増していった。そこに道鏡《どうきょう》▲擁立が持ち上がる。これについては、天皇家出身でなく、しかも僧侶という天皇になるにはほど遠い人物を擁しようとしたことが不可解とされてきたが、近年は、むしろ他戸につなぐための確実な一代かぎりの中継ぎとして道鏡をとらえるべきとの説が示されている。男子王族による中継ぎは、中継ぎとはいえいったん即位すればその人物に皇位継承者決定権が生じるためである。

しかし、さすがにこの奇抜な発想は貴族層に受け入れられなかった。他戸への継承に不安をいだきつつ称徳が没すると、その遺志にそう形をとって、他戸の父で天智《てんじ》天皇孫の白壁王《しらかべおう》が立太子され、即位した（光仁《こうにん》天皇）。井上内親王が皇后に、他戸親王は皇太子とされた。が、称徳の危惧は的中する。井上が夫を呪詛《じゅそ》したとして廃され、他戸も連座して皇太子を廃された。かわって皇太子となったのが山部《やまべ》親王、すなわち桓武であった。

以上にみてきた奈良時代の皇位継承の特質は、天武―草壁―文武―聖武とい

▼**道鏡**　?～七七二年。七六二（天平宝字《てんぴょうほうじ》六）年に孝謙太上天皇の看病に功があったとして七六四（同八）年大臣禅師《だいじんぜんじ》、翌年太政大臣《だいじょうだいじん》禅師、さらに翌年には法王《ほうおう》とされ天皇に准じる待遇をあたえられた。七六九（神護景雲《じんごけいうん》三）年、道鏡を皇位に即けるようにとの宇佐八幡《うさはちまん》神の神託《しんたく》が伝えられたが、和気清麻呂《わけのきよまろ》によって否定された。称徳天皇没後、下野《しもつけ》国薬師寺別当《やくしじべっとう》に左遷され、そこで没した。

う天武・草壁直系の成人男子に皇位を継承させていこうとしたことであり、それが聖武に男系継承者がいなくなったことで挫折したことであった。

桓武以後の皇位継承と承和の変

聖武以後の皇位継承をめぐる混乱の、いわば間隙をぬって皇位を手にした桓武は、父光仁即位を天武系から天智系への皇統交替と位置づけ、それを新王朝の成立に擬した。遷都や積極的な政策展開もそのことと不可分であったが、ここでは皇位継承の先をみていこう。

桓武は即位後同母弟の早良《さわら》親王を皇太子としたが、長岡京《ながおかきょう》▲造営の責任者藤原種継《たねつぐ》▲暗殺にかかわっていたとしてこれを廃し、かわって平城を皇太子とした。無実を訴えて死んでいった早良への自責の念は生涯桓武を苦しめ、やがて早良は御霊《ごりょう》として恐れられるようになる。

桓武のあとは平城・嵯峨・淳和という兄弟継承が続くが、この三人がいずれも異母の桓武皇女を配偶されていることから、桓武は三人をみずからの後継者と位置づけたとの説がある。それは、聖武が男系継承者を失ったことによる天

▼**長岡京**　七八四(延暦三)年から七九四(同十三)年まで、山背《やましろ》国乙訓《おとくに》郡長岡村に営まれた都《みやこ》。京域は現在の京都府向日《むこう》市・長岡京市・大山崎《おおやまざき》町・京都市におよぶ。「水陸の便」により選ばれたとされ、難波宮《なにわのみや》・平城宮《へいじょうきゅう》を解体・移築した。が、藤原種継暗殺事件、早良親王廃太子、桓武の母や妻の死、皇太子安殿《あて》親王の病、七九二(延暦十一)年の大雨による洪水などが重なり、山背国葛野《かどの》郡宇太《うだ》村での新京(平安《へいあん》京)建設が決定された。

▼**藤原種継**　七三七〜七八五年。藤原式家《しきけ》。桓武天皇の信任をえて長岡京造営の責任者として造都事業を推進したが、七八五(延暦四)年九月、造営現場視察中に射殺された。藤原仲成《なかなり》・薬子《くすこ》兄妹の父にあたる。

皇位継承と関係系図(Ⅱ)

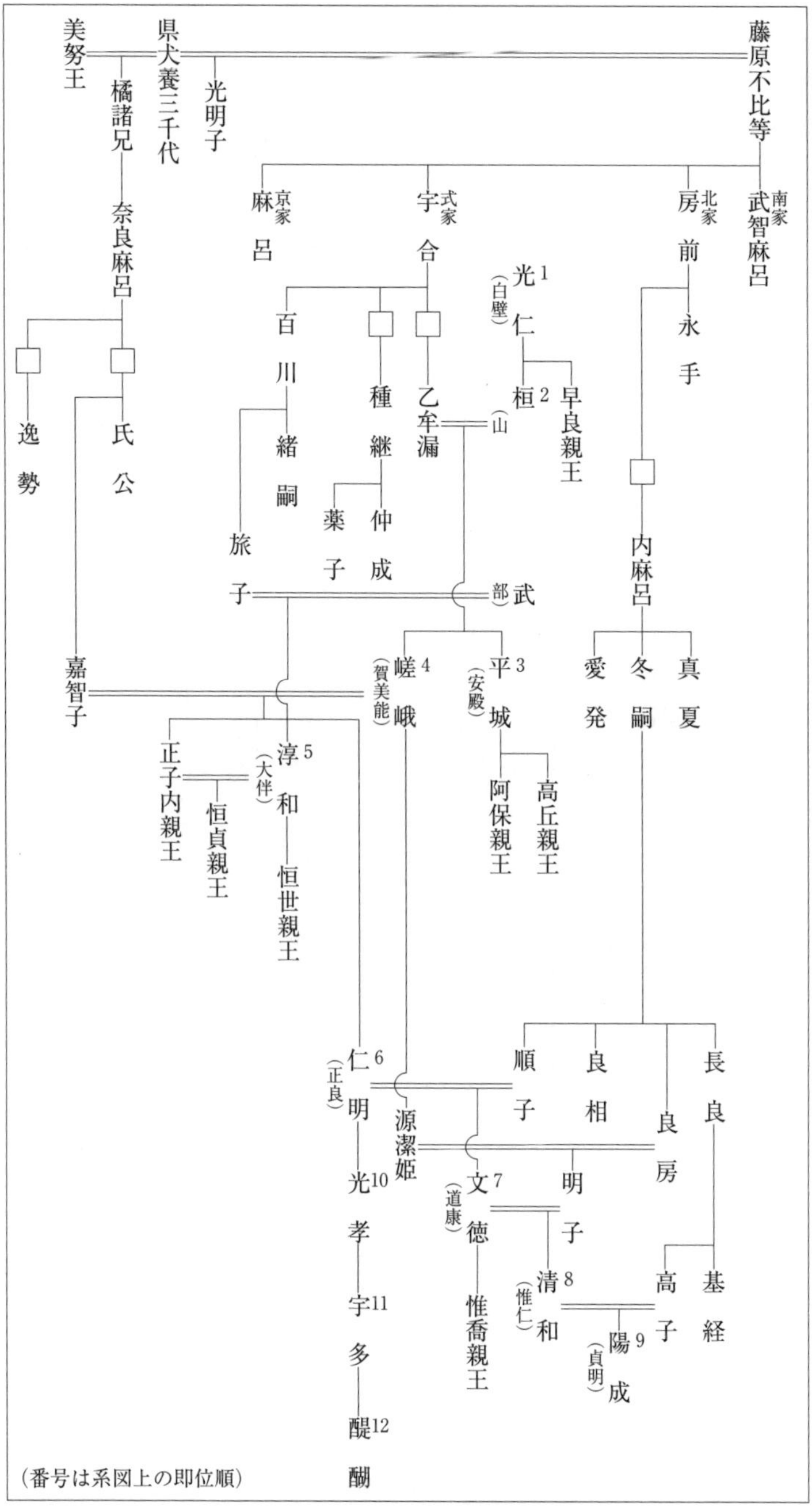
藤原不比等
光明子
県犬養三千代
美努王
橘諸兄
奈良麻呂
南家 武智麻呂
北家 房前
式家 宇合
京家 麻呂
永手
1 光仁(白壁)
2 桓武(山部)
早良親王
百川
種継
乙牟漏
緒嗣
旅子
仲成
薬子
内麻呂
真夏
冬嗣
愛発
氏公
逸勢
嘉智子
4 嵯峨(賀美能)
3 平城(安殿)
高丘親王
阿保親王
5 淳和(大伴)
正子内親王
恒貞親王
恒世親王
長良
良房
良相
順子
6 仁明(正良)
源潔姫
明子
7 文徳(道康)
8 清和(惟仁)
惟喬親王
基経
高子
9 陽成(貞明)
10 光孝
11 宇多
12 醍醐
(番号は系図上の即位順)

武・草壁系の皇位継承の挫折を知る桓武が、皇位継承資格者をふやすことを意図してのことだという。平城太上天皇の変で平城系は脱落したが、嵯峨・仁明系と淳和・恒貞系とが並び立つことになった。

しかし、皇統の分化は貴族層の編成に影響をおよぼしていった。春宮坊官人として皇太子時代に仕えていた「藩邸《はんてい》の旧臣」が、皇太子の即位後急速に官位を昇進させていく傾向が淳和朝に顕著になり、仁明朝には仁明・嵯峨に近い人びとの登用がみられた。良房も若いときから仁明の藩邸に参じていたとみずから述べている。恒貞が即位すれば、その藩邸の旧臣が登用されることが予想された。二つの皇統に対応した近臣グループが必ずしも対立的な関係にあったわけではないが、その固定化は貴族層の分裂につながりかねない。

より重要なのは、分化した皇統のあいだで正統性の優劣が問われるようなことになった場合である。桓武の皇位継承意図がさきに紹介したようなものであったとして、それを理解していたであろう嵯峨・淳和ないしそれに近い世代のあいだはよいとしても、世代を重ねるなかでどこまでそうした認識が共有されていくかは定かではない。また、嵯峨が在位一四年三八歳、淳和が在位一〇年四八歳の壮齢で譲位したのは、いずれも仁明・恒貞というそれぞれの直系継承者への皇位継承を確かなものとするためであったと考えられているのである。

　嵯峨・淳和・仁明の融和的なあり方の背後で、皇統の分化は以上のようなあやうさを生じはじめていた。それを感じたのであろうか、恒貞は皇太子を辞することをたびたび申し出たが、嵯峨・仁明が慰留したという。恒貞の危惧と、承和の変の発端となった伴健岑の発言には通じるものがあり、それは春宮坊官人にもある程度共有されていた可能性はある。

　そのようななかで承和の変が起きた。それが廃太子にとどまらず、淳和・恒貞に近い公卿の藤原愛発・同吉野と春宮大夫文室秋津以下春宮坊官人の大量配《はい》流《る》、粛清といっても過言ではない大がかりな事態にいたったのは、皇統の分化にともなう危惧を一掃するためであったと考えてこそ理解できる。そして、変後、公卿がこぞって仁明に立太子を請うているのは、彼らが変の結果を是認したことの証である。とすれば、承和の変は皇統分化とそれによる貴族層分裂の芽をつむという点では、当時の貴族層も望んだことだったといえよう。

　ただ、皇統を一本化しようとする場合に、嵯峨・仁明系か淳和・恒貞系かは、必ずしも自明のことではなかったと思われる。さきにふれた桓武の皇位継承意図に照らせば、両系ともに正統性を有するからである。実は淳和即位の当初、皇太子に立てられたのは淳和と桓武皇女高志《こし》内親王のあいだに生まれていた恒《つね》世《よ》親王であった。恒世が固辞したために嵯峨皇子正良《まさら》が立てられたのである。また、恒貞立太子の宣命《せんみょう》では恒貞を「正嗣とあるべき」としている。こうしたことから、淳和系に優位性を認める説もある。

当時の貴族層の認識を知る術はないが、良房にとっては嵯峨・仁明系への一本化が望ましかったであろう。しかし、それは良房の決めうることではなかった。その選択をなしえた者がいるとすれば、太皇太后橘嘉智子と仁明天皇自身を措いてほかにないのではないだろうか。承和の変は阿保親王の密書が嘉智子から良房をへて仁明に奏されたことから始まったが、嘉智子は密書を黙殺することもできたはずである。孝謙・淳仁朝の不安定な政局のなかで光明皇太后が軽挙妄動を戒めていたのと比べれば、嘉智子の行為はむしろ事を明るみにだすことに意があったとさえみなしうる。たしかに恒貞も嘉智子の孫にあたる。しかし、嘉智子にとっては一本化されるべき皇統はみずからの男子仁明とその子孫であるべきだったのだろう。逆にわが子恒貞を廃された正子が、激怒号泣して母を怨んだというのも、変における嘉智子の役割の大きさをものがたっていよう。

さらには、良房を通じて密書を受け取った仁明こそ、事を不問に付すことができた最後の存在であった。が、仁明はそうしなかった。仁明もまた密書の上《じょう》奏《そう》が意味するところとその後の事態を理解していたと思われる。廃太子詔でも、それが仁明と嘉智子の合意によることをわざわざ述べているのである。良房はこの二人の意図をくみ、それにそって行動したのであった。

仁明朝から文徳朝へ

皇統一本化をなしとげた仁明は政務に精励し、恒例の節会《せちえ》や臨時の宴《えん》を通じて君臣《くんしん》関係の強化をはかった。承和の変の陰りを払拭《ふっしょく》したかのように、仁明朝宮廷《きゅうてい》の日々はおだやかにすぎていった。経史《けいし》・文藻《ぶんそう》・書・弓射・楽器から医方にまで通じたという仁明とその治世は、承和の年号とともに人びとに記憶されることになる。ただ、治世のなかばには旱魃《かんばつ》による飢饉《ききん》の年があいついでは

▼**藤原緒嗣**　七七四〜八四三年。桓武天皇擁立に功のあった藤原式家百川《ももかわ》の子。八〇五(延暦二十四)年、殿上で菅野真道《すがののまみち》と天下徳政《てんかとくせい》を論じ、「方今天下苦しむところは軍事と造作となり」と述べ、対蝦夷戦争と造都《ぞうと》の停止を主張した。

いたが。

良房は天皇との親近な関係を維持しつつ、政務に精勤した。承和の変直後の公卿構成では良房の上席に左大臣《さだいじん》藤原緒嗣《おつぐ》▲、右大臣《うだいじん》源常《みなもとのときわ》、大納言《だいなごん》橘氏公《うじきみ》がいた。緒嗣は高齢で翌年に没し、常が左大臣、氏公が右大臣となる。源常は嵯峨一世源氏《げんじ》の貴公子、橘氏公は嘉智子の弟ということで高い地位にのぼったから、彼らと良房とのあいだに権力をめぐる確執を想定する必要はないだろう。この時期の官符《かんぷ》・官宣旨《かんせんじ》の上卿《しょうけい》は良房と上席の源常がつとめている。八四七(承和十四)年、橘氏公が没すると良房は右大臣にのぼり、八四九(嘉祥二)年以後は官符・官宣旨の上卿は良房のみになる。仁明朝の廟堂《びょうどう》には源信《まこと》・弘《ひろむ》・定《さだむ》・多《まさる》・融《とおる》ら常と同じ嵯峨一世源氏の進出が顕著であった。良房の兄長良《ながら》と弟の良相も参議となっている。

八四九(嘉祥二)年、仁明の四〇歳の祝いが盛大に行われたが、翌年、仁明は没し、皇太子道康親王が即位した。文徳《もんとく》天皇である。文徳は良房妹順子所生であったから、良房は外伯父となり外戚《がいせき》の地位をえた。しかし、にわかに良房の政治的地位が高まったり強化されたりしたようすはうかがえない。

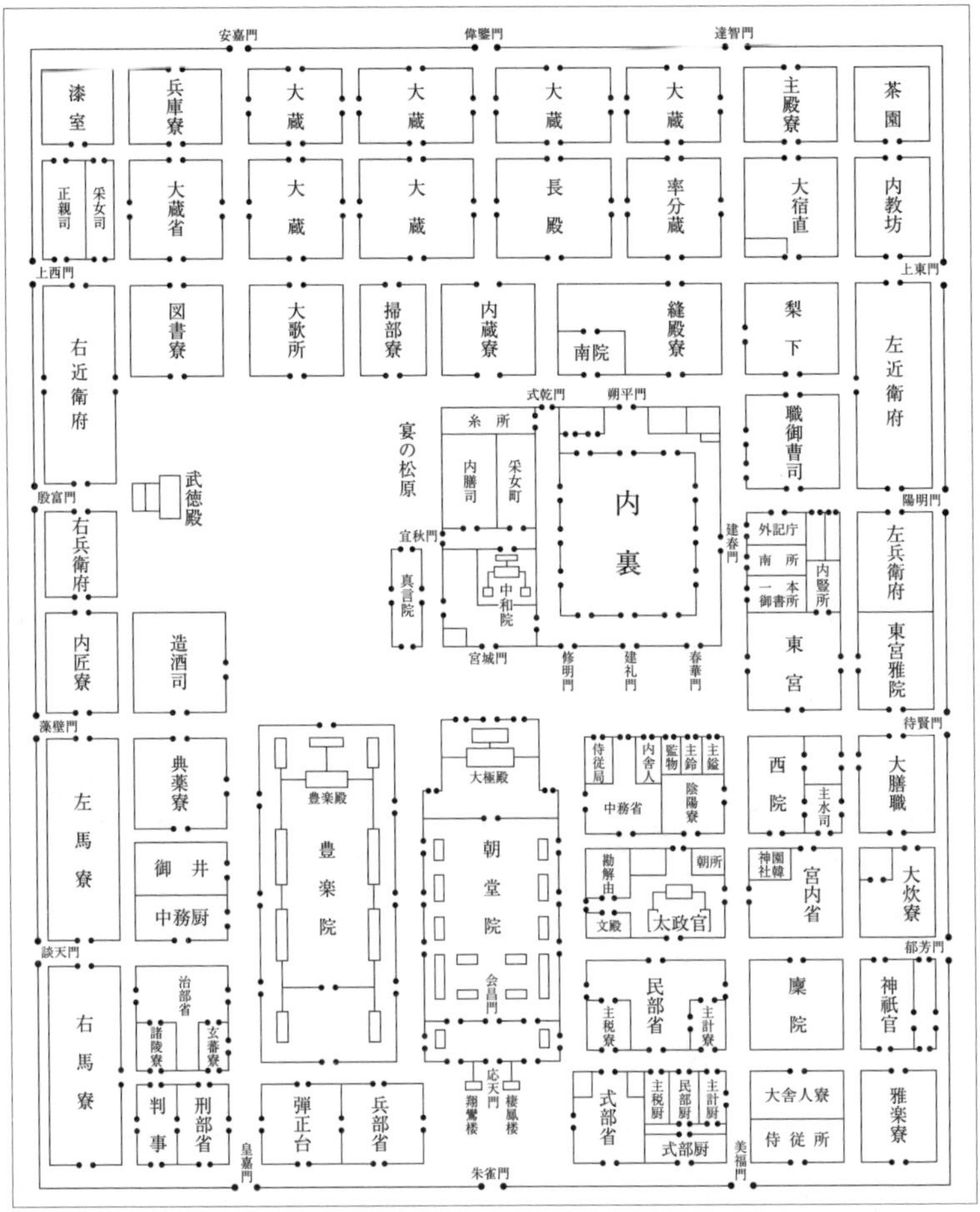

大内裏図　東宮と東宮雅院の位置については，山下克明「平安時代初期における『東宮』とその所在地について」によった。

文徳と良房の関係もさまざまに論じられてきた。注目されるのは文徳が在位中、内裏を常の居所としなかったことである。仁明が内裏清涼殿《せいりょうでん》で没すると、文徳は皇位の象徴である神璽《しんじ》以下を継承して東宮雅院《とうぐうがいん》に遷った。東宮雅院は大内裏待賢門《たいけんもん》をはいった北側、内裏の東方に位置した。文徳は八五三(仁寿三)年二月までそこを在所とし、ついで同じく大内裏内で内裏北東の梨下院《なしもとのいん》に遷る。一年二カ月後にはついに大内裏をでて冷然院に遷り、八五八(天安《てんあん》二)年八月にそこで没するのである。文徳後宮《こうきゅう》としては一六人の女性が知られているが、彼女たちも天皇の側近くにいたであろうから内裏にはいなかったことになる。

十世紀以降には天皇は内裏清涼殿を日常の居所とし、政務もそこでみた。そうしたあり方が定まるのは九世紀末の宇多《うだ》朝以後のことである。とはいえ、それ以前においても天皇は内裏を居所としていた。しかも、嵯峨・淳和が譲位後内裏を退去したことで、内裏こそが天皇の、天皇だけの空間との認識が成立していたことからすると、文徳のあり方はたしかに異例であった。ここで良房と文徳とのあいだに対立的関係を想定し、その結果、文徳は内裏にはいることができなかったという説が唱えられることになる。

しかし、内裏にいないということだけから文徳の天皇としてのあり方を云々してよいのだろうか。当時の天皇の日常は政務と儀礼を中心としていたから、それに即して考えるべきであろう。

まず、政務については、文徳の次の清和《せいわ》天皇が元服《げんぷく》後はじめて内裏紫宸殿《ししんでん》で政務をみたことにかかわって、「承和以往（仁明まで）、皇帝毎日紫宸殿に御《おわ》しまして政事を視《み》る、仁寿以降（文徳以後）、絶えて此《こ》の儀無し」とされている。ここでいわれているのは紫宸殿で政務をみることの有無であり、文徳朝に天皇が政務をみなかったといっているのではない。『日本文徳天皇実録《にほんもんとくてんのうじつろく》』▲をみれば文徳は詔勅《しょうちょく》を発しているし、天皇の決裁をあおいだ「奉勅《ほうちょく》」の官符・官宣旨も発給されている。とすれば、文徳は内裏を居所としなかったため紫宸殿で政務をみることはなかったが、時々の居所で政務をみていたと考えるべきであろう。

つぎに儀礼について。儀礼は国家を荘厳し、秩序と安寧を象徴するとともに、それに付随する宴での交歓を通じて君臣関係を強化する意義を有していた。当時の儀礼は朝堂院《ちょうどういん》▲・豊楽院《ぶらくいん》▲と紫宸殿などの内裏の殿舎《でんしゃ》を場として行われていたが、趨勢としては朝堂院・豊楽院から内裏へとおもな場が移りつつあった。文

▼**『日本文徳天皇実録』**　『続日本後紀』についで、八五〇（嘉祥三）年三月から八五八（天安二）年八月まで八年六カ月におよぶ文徳天皇一代の記録をおさめる国史。

▼**朝堂院**　大内裏正門朱雀門《すざくもん》の正面に位置し、正殿《せいでん》の大極殿《だいごくでん》、その南の十二堂、東西朝集堂《ちょうしゅうどう》からなる。奈良時代には即位・朝賀などの儀礼とともに日常の政務も行われたが、平安時代には国家的儀礼の場となった。

▼**豊楽院**　朝堂院の西に位置し、国家的儀礼の場である朝堂院に対応する国家的饗宴《きょうえん》の場として設けられ、節会《せちえ》にも用いられるようになっていった。正殿である豊楽殿と、その南に東西に三堂ずつ建物が配されていた。

徳朝には多くの儀礼が文徳在所《ざいしょ》を場として行われており、父仁明のあり方に学んだのであろうか、文徳もよくそれに臨んでいたのである。

文徳の薨伝《こうでん》には「聖体羸《るい》病(天皇の体は病気がちで)、頻《しき》りに万機《ばんき》を廃す」とあるが、このようにみてくれば、文徳が政務や儀礼において天皇としての役割を果たしていたことは明らかである。

文徳後継をめぐって

文徳と良房のあいだに想定された対立とは、文徳後継をめぐるものである。文徳の皇太子には生後わずか八カ月の惟仁《これひと》親王が立てられた。惟仁は良房の娘明子所生。この皇子が即位すれば、良房は外祖父となることが確実となった。しかし、乳児の立太子は聖武朝の例があるだけである。しかも、文徳の意は第一皇子の惟喬《これたか》親王にあったというのである。惟喬は紀名虎《きのなとら》の娘静子《しずこ》所生。すでに七歳になっていた。文徳と静子とのあいだにはほかに二人の皇子もあり、惟仁は文徳第四皇子であった。惟仁と惟喬をめぐる対立は皇太子擁立時のこととして、荒唐無稽《こうとうむけい》といってよい要素が加わって説話化された。

これについて、より信頼のおける史料は次のように語っている。文徳は惟喬を深く愛していた。時に皇太子惟仁が幼少であったため、まず惟喬を即位させ、皇太子が成人ののち、皇位を譲らせようと考えた。しかし、皇太子の祖父で重臣であった良房を憚り、文徳はそれをいいだせないでいた。そこで良房は惟仁に皇太子を辞させようとした。文徳は良房につぐ地位にあった源信に惟喬擁立を話したところ、信は皇太子に罪があるのなら廃して皇位を継がせるべきではないが、もし罪がないのであれば他の人を擁立するべきではない。天皇の命《めい》であっても自分はこれをうけたまわることはできないと述べた。文徳は喜ばなかったが、結果、惟喬擁立や廃太子は行われることなく、ほどなく文徳は没し、惟仁が皇位を継承した。

これは、良房の曽孫藤原実頼《さねより》が父藤原忠平《ただひら》から聞いたこととして語ったことを、醍醐《だいご》天皇皇子重明《しげあきら》親王がその日記『吏部王記《りほうおうき》』に記録したとされるものである。記録されたのは文徳朝から八〇年近くたってのことであるが、当時の貴族層の認識をものがたっていよう。

これによれば、文徳が惟喬擁立を考えたのは文徳の死からそう遠くない時期のことであり、惟仁はすでに皇太子となっていた。したがって、説話のような立太子をめぐっての対立があったのではないことになる。では、なぜ文徳は惟喬擁立を考えたのか。「聖体羸病」といわれた文徳は、健康に不安をいだくことがあったのかもしれない。自分に万一のことがあっても、惟仁は成人に達していないから、これまでの天皇のあり方に照らせばただちに即位することはできない。とすれば、その場合には中継ぎを立てるほかない。奈良時代の中継ぎは、先帝の妻で皇位継承者の祖母(持統。元明もこれに準じる)や叔母(元正)で、かついずれも皇女であった。が、惟仁の祖母藤原順子は皇女ではない。母明子も同じである。惟仁の叔母、つまり文徳の姉妹にも中継ぎにふさわしい皇女はいなかった。そこで、次善の策として惟喬による中継ぎを考えたのである。

一方、源信はなぜこれに反対したのか。それは中継ぎといえども皇位に即けばその者に皇位継承者決定権が生じるから、惟仁への継承は不確実になってしまいかねない。光仁朝に廃された他戸が、まさにその例であった。そうした混乱を避けるためには、惟仁を廃して惟喬に皇位を継承させるか、惟喬擁立を断念するかしかない。この正論に文徳は従わざるをえなかった。それは、実は文徳自身が最終的には惟仁への継承を是としていたからでもあった。私はこうした説を支持したい。そして、これが認められるならば、最終的な皇位継承者を惟仁とする点では、文徳と良房のあいだに対立はなかったことになる。文徳は惟喬擁立を断念した時点で、惟仁が成人するまで生きながらえねばとの思いを強くしたことであろう。残念ながら、それは果たされなかったのだが。

太政大臣となる

八五七(天安元)年正月、良房は老いと病で気力・体力とも喪失したとして二度にわたり右大臣の辞表を呈している。前年に妻潔姫《きよひめ》を失ったことも悲痛を加えたのかも知れない。

文徳はそれを認めず、二月にはいると良房を太政大臣《だいじょうだいじん》に任じた。大宝令《たいほうりょう》施行後、生前に太政大臣となったのは藤原仲麻呂と道鏡のみで、良房の太政大臣任官はほぼ九〇年ぶりのことであった。任官の理由は、良房はこれまで自分を助け導き仕えてきて、今も忠義と貞淑な心をもって政務を補佐している、太政大臣に任じてそれにむくいたいというのである。

源常が八五四(斉衡《さいこう》元)年に没して以来、左大臣は空席のままであった。良房が左大臣に昇任されなかったことから文徳との対立を説く向きもあるが、うがちすぎであろう。

あるいは、この翌年に文徳が没するところから、文徳がそれを予見し、幼帝即位に備えて良房を太政大臣としたとの理解も根強い。が、この前後に文徳が体調をくずしたとの記録はみいだすことができず、儀礼にもそれまでと変わらず臨んでいる。文徳が良房を太政大臣としたのは、老病を理由に右大臣を辞しようとした良房に対し、これまでの功績をたたえるとともに、引き続き政務への精励をうながす意図によると理解してよいだろう。

太政大臣任官後、良房は官符・官宣旨の上卿や儀礼の執行責任役をつとめなくなり、こうしたあり方はこれ以後の太政大臣に受け継がれていく。太政大臣が個々の政務処理や儀礼運営にはかかわらなくなったのは最高官職の尊貴性によるよる。が、太政官から天皇への上奏文に名を連ねていることから明らかなように、公卿の最上首として国政には関与していた。

③—はじめての人臣摂政として

幼帝即位

　良房を太政大臣《だいじょうだいじん》に任じた翌八五八（天安《てんあん》二）年の八月二十三日、文徳《もんとく》天皇はにわかに体調をくずし、翌日には言語不通となる。二十六日に固関使《こげんし》▲が派遣されているから危篤《きとく》状態に陥ったのだろう。そして、施薬や祈禱《きとう》の甲斐なく、二十七日冷然院《れいぜいいん》で没した。三二歳であった。年初から、いつもと変わりなく儀礼に臨み、詔勅《しょうちょく》を発するなどしているから、まさに突然の死であったのだろう。そうした文徳の死に良房の影をみる向きもあるが、私には良房が文徳の死を早めなければならない理由はみいだせない。

　皇太子惟仁《これひと》は冷然院の皇太子直曹《ちょくそう》で神璽《しんじ》以下を受け、皇位を継承すると東《とう》宮《ぐう》に遷った。時に九歳。清和《せいわ》天皇、はじめての幼帝即位である。母明子《あきらけいこ》とともに祖母順子《のぶこ》も「幼冲《ようちゅう》の天子《てんし》を擁護」することとなった。これ以後は幼帝即位が繰り返されるので、読者のなかには清和即位をそれほど驚くべきこととは思わない方もおられるかも知れない。しかし、これ以前は成人でなければ即位す

▼**固関使**　都《みやこ》・畿内《きない》での不測の事態に備え、東海道鈴鹿関《とうかいどうすずかのせき》、東山《とうさん》道《どう》不破《ふわ》関、北陸道愛発関《ほくりくどうあらち》（のち逢《おう》坂《さか》関）を閉ざすために派遣された使者。平城《へいぜい》太上天皇の変、承和《じょうわ》の変、文徳天皇危篤、清和天皇譲位などの折に派遣されている。

ることはできなかった。奈良時代に女帝があいついだのは、幼少の直系男子皇位継承者の成人を待つためであった。しかし、さきにみたように文徳には中継ぎを立てる選択肢は閉ざされていたため、はじめての幼帝即位となったのである。

ここに摂関《せっかん》政治の端が開かれることになる。のちの整った段階の摂関政治の典型的なあり方では、まず、幼帝への譲位に際し、譲位する天皇が幼帝の摂《せっ》政《しょう》を任命する。幼帝が元服《げんぷく》し成人すると、摂政は表を呈して辞意を表明し、天皇は摂政を関白《かんぱく》に任じるのである。

しかし、良房の段階は摂関政治というあらたな政治形態の始まりであり、のちの典型的なあり方に照らすと、いくつかの相違点がみいだされる。それをどのように理解すべきか議論が重ねられてきたことは本書冒頭で述べたところである。以下では、これまでの研究を踏まえながら、私見を述べていこう。

摂政の始まり

良房の摂政のあり方と後代のそれとの相違点を、まず示そう。

⑴清和即位にあたり、良房を摂政とする詔勅はだされていない。
⑵八六四(貞観《じょうがん》六)年、清和は元服するが、良房は摂政辞表をだしていない。
⑶八六六(貞観八)年、良房に「天下の政《まつりごと》を摂行《せっこう》せよ」との清和の勅《ちょく》がだされている。

まず⑶からは、良房が勅によって、つまり正式に摂政に任じられたのは八六六年という理解が導かれる。では、それ以前の良房は摂政であったのかどうか。これについては実質的に摂政であったとする説と、摂政ではなかったとする説とがある。また八六六年に任じられた摂政については、清和元服後であることからのちの関白にあたるものとの説もある。

この難問を解くために、まず、同時代の天皇・貴族《きぞく》の認識についてみてみよう。清和は、皇子貞明《さだあきら》がみずからの即位年齢と同じ九歳になると譲位し(陽成《ようぜい》天皇)、藤原基経《もとつね》を摂政に任じている。その際、「幼主を保輔《ほほ》し、天子の政を摂行すること、忠仁公《ちゅうじんこう》(良房)故事の如《ごと》くせよ」、「少主の未だ万機《ばんき》を親しくせざるの間は、政を摂《と》り、事を行はんこと、近く忠仁公の朕《ちん》が身を保佐《ほさ》するが如く、相扶《あいたす》け仕へ奉るべし」と述べている。清和は、良房が摂政の職掌をつとめたのは、みずからが幼主・少主であったときのこととしている。それは清和の元服以前のことと考えるのが自然だろう。また、清和即位の翌年に改元されて「貞観」となるが、良房の孫でみずからも摂政・関白をつとめた藤原忠平《ただひら》は、「忠仁公故事」といわれた良房の摂政を「貞観初」のこととしている。これらから、清和自身を含め、天皇や貴族たちは良房が清和の即位当初から摂政の職掌を果たしていたと認識していたことが知られる。

つぎには、摂政の職掌から考えていこう。摂政の職掌は天皇大権代行といわれる。その具体的な行為としては、詔書《しょうしょ》発給に必要な天皇自筆事項(画日《かくにち》・画《かく》可《か》)の代筆、太政官《だいじょうかん》からの上奏《じょうそう》の決裁、叙位《じょい》▲・除目《じもく》▲の代行、太政官から天皇への上奏と天皇から太政官へくだされる文書にあらかじめ目をとおすこと(内覧《ないらん》)、幼帝が儀礼に臨む場合の補助・代行などがあったが、もっとも重要な摂政の職掌は、天皇にかわって政務の決裁を行うことである。これは、天皇の職掌の中心が政務決裁であったことによる。それを行わなければならないからこそ、天皇は成人でなければならなかった。しかし、幼帝にはそれは期待できない。だからといって、天皇が成人するまで、天皇が決裁すべきことを棚上げにしてし

▼**叙位**　位階《いかい》を授けること。定例の叙位は正月七日で、臨時のものもあった。令制の位階は正一位《しょういちい》から少初位下《しょうそいげ》まで三〇階あったが、十世紀以降は六位以下の下級位階はほとんど消滅し、五位以上のみが意味をもった。

▼**除目**　官職を授けること。

まうならば国政がとどこおってしまう。そうしないためには、天皇にかわって誰かが政務を決裁しなければならない。事実、清和の元服以前でも、天皇の決裁をえたことが明らかな「奉勅」の官符《かんぷ》・官宣旨《かんせんじ》が発給されている。

では、その決裁は誰が行ったのだろうか。可能性があるのは、父院(太上天皇《だいじょう》)、母后《ぼごう》、摂政のいずれかである。清和の父文徳はすでに没していた。母明子には政治に関与した事例がみられない。とすれば、それ以外の誰か、すなわち臣下《しんか》の誰かがそれにあたるほかない。それにふさわしいのは太政大臣として廟堂の首班におり、政務経験も豊富な良房を措いてほかにありえないだろう。

こうしたことから私は、良房は清和の即位にともない、実質的に摂政の職掌を果たすことになったと考えている。

では、なぜ良房を摂政に任じる詔勅がだされなかったのか。それは、幼帝即位時の対応が詰められないまま文徳が急逝したためであろう。そして、摂政に任じる詔勅がだされていなかったから、清和元服を機に良房が摂政を辞する表をだすこともなかったのである。

摂政の終り

　では良房は、いつまで摂政の職掌を果たしたのだろうか。これまでは、清和薨伝《こうでん》に、良房が摂政をつとめていたので清和はまかせきりにし、良房の死後、政治をみたとあることや、良房が摂政辞表をだしていないことから、良房は没するまで摂政をつとめたと考えられてきた。が、辞表をだしていないのは、そもそも摂政に任じる詔勅がだされていないからであることはすでに述べた。

　ところで、良房は八六六(貞観八)年に次のように述べている。「天皇が元服し、自分は致仕《ちし》すべきときがきた。しかし、天皇は自分が宮中からでることを許さず、自分も天皇の側を離れがたく引き続き侍していたが、八六四(貞観六)年冬から大病をわずらった」と。清和の元服は八六四年正月。良房はそれを機に致仕、すなわち職を辞そうとしたというのである。しかし、良房が太政大臣を辞しようとした形跡はない。とすれば、このとき、まさに天皇元服を機に良房が辞しようとしたのは、それまでつとめてきた摂政の職掌以外に考えられない。また、良房の次に摂政となった基経も陽成天皇元服後に辞表を呈しており、その時点ですでにそれが先例となっていたことが知られる。さらに藤原忠平は、清和元服とともに良房は摂政の辞意を表明し、清和がそれを認めたとしている。こうしたことから、近年では、後代の摂政と同じく、良房も清和元服を機に摂政の職掌を辞したとする説もだされている。

これについては、私は良房自身が述べていることを重視し、良房は後代のように摂政辞表を呈したわけではないが、天皇元服を機に摂政の職掌を辞することを表明した。が、それは清和から認められなかったのではないかと考えている。このように考えることについては、次のような疑問がだされよう。すなわち、清和自身、摂政は幼帝に対するものと認識していた。とすれば、みずからが元服し、良房が摂政の辞意を表明したのであれば、それを認めるべきはずである。にもかかわらず、清和はなぜそうしなかったのか、と。実は、基経が陽成に摂政辞表を呈したときも、陽成はそれを認めていないのである。

良房・基経の摂政の辞意が認められなかったのは、それを認めた場合、前摂政となった良房や基経をどう遇するべきかというあらたな課題が生じたためと考えられる。良房も基経も太政大臣であったから、これ以上官職をあげることはできない。では、太政大臣として公卿《くぎょう》の一員と位置づければよいのか。おそらくは、天皇大権代行という至高の職掌を担ってきた者に対して、ほかの公卿とは異なるなんらかの特別な待遇が必要と考えられたのだろう。しかし、その成案がえられなかったために、摂政の辞意を認めることができなかったのである。この課題は、陽成にかわって即位した光孝《こうこう》天皇が、前摂政の基経に関白というあらたな職掌を付与することで解決された。つまり、関白が設けられたことによって、摂政の辞意を認め、前摂政を関白とし、一般の公卿とは異なる職掌をあたえて遇することが可能になったのである。

清和元服後の摂政

では、清和元服後、天皇と摂政の関係は変わったのかどうか。幼帝に対して摂政がおかれたのは、幼帝に天皇大権行使能力が期待できなかったためである。元服は天皇に大権行使能力が備わったとみなす契機であった。とすれば、元服後も良房の摂政辞意が認められないままであったということは、天皇の大権行使と摂政の大権代行の関係が問題となる。

清和元服後は、これまでどおり良房が政務の決裁を行っていると考えられる事例と、清和が政務をみている事例とがある。さらに興味深いのは、そうしたあり方が、のちに藤原忠平が朱雀《すざく》天皇に摂政辞表を呈してからそれが認められるまでのあり方に似ているとされることである。両者に共通するのは、天皇が元服し、摂政が辞意を表していながら、それが認められないでいることである。こうしたあり方は、摂政がこれまでどおり全面的に天皇大権を代行するのではなく、可能な部分は天皇が大権を行使しつつあると考えることができる。それは、元服により大権行使能力を備えたとみなされることになった天皇と、辞意を表明しつつもなおそれが認められていない摂政とが共存するにふさわしいあり方といえよう。

以上三節で述べてきた良房の摂政についての私見をまとめておく。良房ははじめての幼帝清和の即位にともない、政務決裁を中心とする大権行使能力を期待できない幼帝にかわって、天皇大権代行という摂政の職掌をつとめることになった。清和が元服すると、良房はその職掌を辞することを表明したが、それを認めた場合、前摂政となった良房をいかに遇するかというあらたな課題が生じる。そのため清和は良房の辞意を認めなかった。いわば、良房の辞意は宙に浮いたままの状態となったのである。したがって、その後大権行使能力を備えた天皇として清和が大権を行使するようになるとともに、引き続き良房が大権を代行する場合もあったのである。

八六六（貞観八）年の「天下の政を摂行せよ」との勅についてはのちにふれる。

摂政の由来

ところで、天皇大権代行という摂政の職掌は、なにに由来するのだろうか。これについては、摂政は太政大臣の職掌から派生したとするのがこれまでの通説であった。

太政大臣の職掌についての令《りょう》の規定は、「一人に師とし範として、四海に儀《ぎ》形《ぎょう》たり。邦《くに》を経《おさ》め道を論じ、陰陽《いんよう》を燮《やは》らげ理《おさ》む（天皇の道徳の師範、四海の民の規範、政治の姿勢を正し、天地自然の運行をおだやかにする）」というはなはだ抽象的なものであった。すでに平安時代にも、光孝天皇が太政大臣の職掌について学者の意見を徴したところ、曖昧な答えが多かったことからうかがえるように、太政大臣の職掌はなにかが問題となっていた。

これまでの研究では、天皇を師範として導き、かつ太政官の最上首の公卿として政務を統括するという太政大臣の職掌から、幼帝の場合その輔導は大権代行におよんだとし、摂政の職掌は太政大臣のそれに由来すると考えられてきた。最初の摂政となった良房が太政大臣であったことや、次に摂政となった基経は右《う》大臣であったが、摂政の職にふさわしいとの理由で太政大臣とされていることなどもその傍証とされた。

しかし、成人でなければ即位できないということは、令制では天皇は大権行使能力を有していることが前提とされているということである。そのような天皇に対して、太政大臣に大権代行を認めることは明らかに矛盾するのではないだろうか。政務の決裁についていえば、太政官の最上首であるとはいえ、天皇との関係においては、太政大臣は天皇の決裁をあおぐ立場なのである。

このような天皇と太政大臣のあり方に照らせば、太政大臣の職掌からは天皇大権代行は導きだされない。天皇大権代行は天皇の職掌にこそ由来するのである。実際に、基経は右大臣で、次の忠平も左《さ》大臣で摂政になっている。いずれも太政大臣は空席であった。摂政の職掌にふさわしいとして基経が太政大臣にされたのは、天皇大権代行という至高の職掌を担う者にふさわしいのは最高官職の太政大臣であるという意味に理解すべきだろう。

通説とは異なる以上の私見に対して、「公卿の一員たる太政大臣の職能からは天皇大権を代行する摂政の職能は生じないとの意見もあるが、まさにそうした疑念を払拭する過程で、摂政・関白の地位が案出された」との批判があるが、「そうした疑念を払拭する過程で、摂政・関白の地位が案出された」のであれば、ほかならぬ当時の天皇や貴族こそが、「太政大臣の職能からは天皇大権を代行する摂政の職能は生じないとの意見」「疑念」をいだいていたことになるのではないだろうか。

私見に従うならば、摂政制成立の意義は、幼帝即位への対応として、臣下による天皇大権代行を可能にしたことにあったと考えられるのである。

清和と良房

良房は即位後まもなくの清和のことで悪夢をみたとして、天台座主《てんだいざす》円仁《えんにん》▲に寿命経《じゅみょうきょう》奉読を依頼したり、清和の守護のために八五九(貞観元)年に宇佐《うさ》から八《はち》

円仁像

▼円仁　七九四〜八六四年。八〇八(大同《だいどう》三)年、比叡山《ひえいざん》にのぼり最澄《さいちょう》の弟子となる。承和の遣唐使《けんとうし》に随行して入唐《にっとう》し、遣唐使帰国後も唐に残り五台山《ごだいさん》巡礼《じゅんれい》を果たす。長安滞在中に武宗皇帝による会《かい》昌《しょう》の排仏《はいぶつ》に遭遇し、還俗《げんぞく》のうえ追放される。その後、新羅《しらぎ》人の船で帰国。八五四(斉衡《さいこう》元)年天台座主となる。入寂《にゅうじゃく》後、慈覚大師《じかくだいし》号を贈られた。

幡神《まんしん》を勧請《かんじょう》して石清水八幡宮《いわしみずはちまんぐう》を開くなど、清和の保護につとめている。かつてみずからの東一条第《ひがしいちじょうてい》▲で生まれたこの幼帝とその治世を安泰ならしめることを、良房は自身の責務と心に決めていたことであろう。

清和は皇位継承後も東宮を在所《ざいしょ》とし、元服もそこで行っている。そして翌八六五(貞観七)年十一月に内裏《だいり》にはいった。仁明《にんみょう》没後一五年ぶりに、天皇が内裏に戻ったのである。清和が治世の前半、内裏を居所としなかったことから、文徳と同様に、あるいは外祖父《がいそふ》と外孫《がいそん》の関係からすれば文徳の場合以上に、清和は良房の意のもとにおかれていたとの説もある。

さきに、文徳の場合について政務と儀礼への関与から、天皇としてのあり方を検討したが、清和の場合、政務については良房が代行していたことはいうまでもない。儀礼については、清和が東宮にいた時期には東宮でも儀礼が行われており、清和はそれにかなりの頻度で臨んでいたのである。文徳の喪《も》が明けて諸儀礼が通常どおり行われるようになった八六〇(貞観二)年をみてみると、元日朝賀《ちょうが》▲は雨により行われなかったが、清和は東宮前殿に姿をみせ群臣《ぐんしん》に宴《えん》を賜っている。正月七日には豊楽院《ぶらくいん》での白馬節会《あおうまのせちえ》▲、十六日には東宮前殿での踏《とう》

▼東一条第　良房の邸宅。『日本三代実録《にほんさんだいじつろく》』には東京《ひがしのきょう》一条第ともある。平安京左京《へいあんきょうさきょう》一条四坊三町を占めた(四町におよぶとの説もある)。

▼元日朝賀　元日に天皇が大極殿《だいごくでん》で皇太子以下群臣の拝賀《はいが》を受ける儀礼。天皇即位儀とほぼ同じで、年初に君臣関係を確認する意義を有し、新羅使などが来日している場合は参列させることで帝国構造を視角化した。

▼白馬節会　正月七日に天皇が群臣とともに左右馬寮《めりょう》の引く白馬をみ、賜宴《しえん》が行われた。豊楽院で行われていたが、仁明朝から紫宸殿《ししんでん》でも行われるようになり、清和朝以後は紫宸殿に場を移した。

歌《か》節会、十七・十八日には豊楽院での射礼《じゃらい》・賭射《のりゆみ》、四月二日と十月二日には東宮南殿・前殿での旬《しゅん》儀、十一月十六日には東宮前殿での豊明《とよのあかり》節会に臨んでおり、以後もおおむねこのような出御《しゅつぎょ》状況であることが確認できる。

天皇には、国家機構の頂点に立ち、貴族・官人《かんじん》を率いて国政を総攬するという役割と、貴族・官人をみずからのもとに組織し、彼らを支配層として結集させる要《かなめ》という役割とがあった。前者は国家という機構によって、後者は君臣《くんしん》関係によって支えられており、おもに前者の役割は政務決裁、後者のそれは儀礼の主宰によって果たされていたといえる。幼帝は摂政に大権行使を委ねるとはいえ、それはほぼ前者に属するものについてであり、天皇がなすべきことのすべてを摂政が代行しえたわけではなかった。儀礼には国家の荘厳、秩序と安寧の象徴、宴を通じての君臣関係の強化などの意義があることはさきに述べたが、国家、その秩序と安寧、君臣関係、このいずれにおいても中心に位置するのは天皇であった。儀礼におけるその役割についても一部を摂政が代行することはありえたが、幼帝であっても天皇の存在が必要とされたのである。良房はこのことを十分に理解し、清和に儀礼への出御をうながし、みずから補助していた

▼**踏歌節会**　踏歌は大地を踏み拍子をとって歌いながら舞う。正月十四日に男踏歌、十六日に女踏歌が行われたが、男踏歌は九八三(永観《えいかん》元)年を最後に行われなくなった。嵯峨朝には豊楽院で、淳和朝以後は紫宸殿で行われた。

▼**射礼**　正月十七日、親王以下五位《ごい》以上および左右近衛《このえ》・兵衛《ひょうえ》・衛門府《えもんふ》官人などの弓射を天皇が群臣とともにみ、能射の者には賜禄《しろく》があり、宴も行われた。豊楽院から建礼門《けんれいもん》前へ場を移した。

▼**賭射**　射礼の翌日、天皇が紫宸殿西脇の射場殿《いばどの》に出御し、賭物をだして近衛・兵衛に弓の勝負を競わせた儀礼。

▼**旬儀**　毎月一日・十一日・十六日・二十一日に天皇が紫宸殿で政務をみることを旬政といい、群臣への賜宴もあった。十世紀には四月(孟夏《もうか》)・十一月(孟冬《もうとう》)の一日に行われるようになり、二孟《にもう》の旬

と称された。

▼**豊明節会**　新嘗祭《にいなめさい》の翌辰日に行われた節会。五節舞姫《ごせちのまいひめ》による五節の舞が舞われた。豊楽院で行われていたが、清和朝以後はほぼ紫宸殿で行われるようになった。

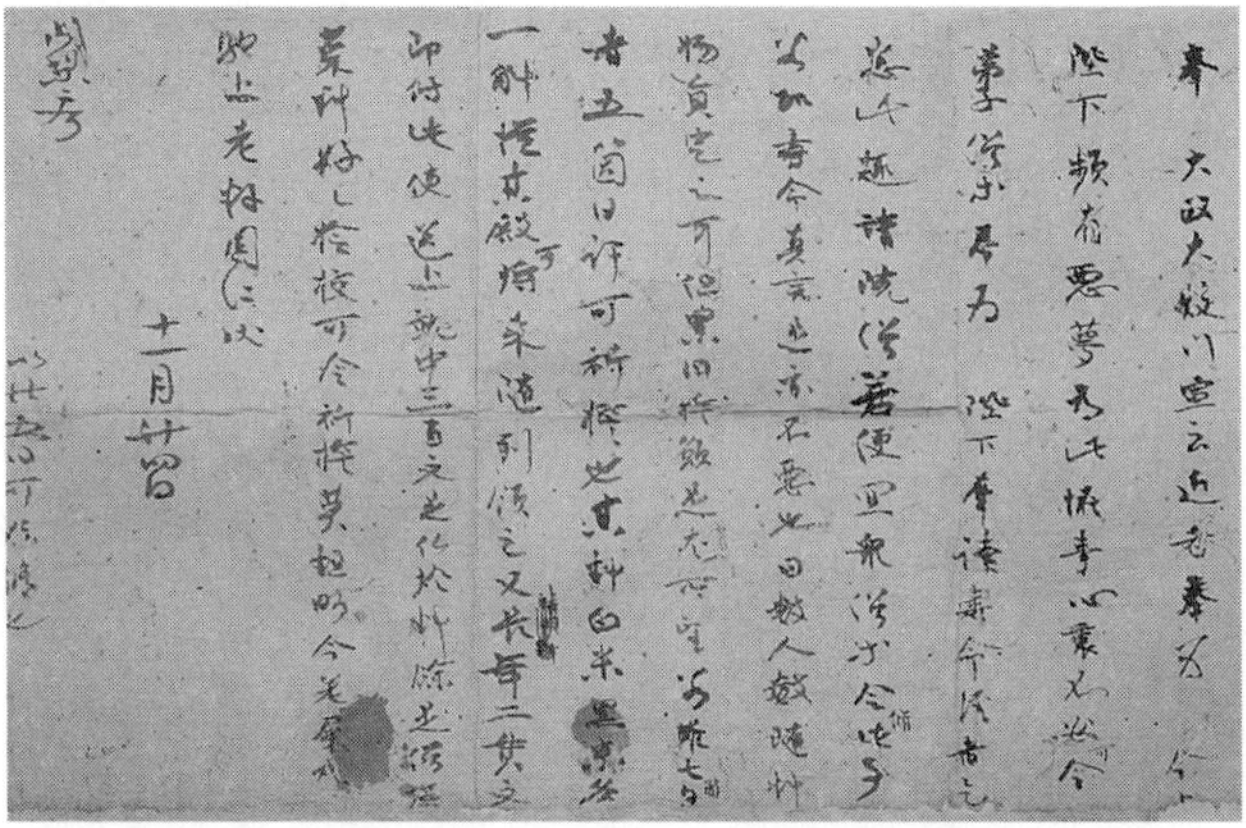

円仁書状(858〈天安２〉年11月24日付)　１行目の「大政大殿門」は太政大臣を意味し，良房のこと。良房から清和のための祈禱依頼を受けた円仁が，弟子に祈禱を命じたもの。

賭射(『年中行事絵巻』部分)

のであろう。

そして、清和もその期待によく応えたのである。幼帝がそれ以前の成人の天皇に比べれば、存在感が薄く感じられたであろうことはいなめないだろう。しかし、だからこそ、貴族・官人は幼帝のもとでも政務や儀礼がとどこおりなく運営され、国家が安泰であるようつとめたのではないだろうか。清和は良房のみの掌中《しょうちゅう》の玉だったのではなく、幼帝とはいえ、国家機構の頂点に立ち（具体的役割は摂政として良房が代行）、貴族・官人を束ねる要であることを求められた天皇にほかならなかったのである。

④—応天門の変

応天門焼亡す

清和《せいわ》が元服《げんぷく》した八六四(貞観《じょうがん》六)年冬、良房は大病をわずらった。それは「重病に沈みて命存し難」いほどであった。翌年九月には、良房の病気平癒の祈禱《きとう》に効があったとして薬師寺《やくしじ》僧一演《いちえん》が権僧正《ごんのそうじょう》とされているから、そのころまでにはことなきをえたのであろう。清和の元服を果たした安心感と引きかえに、摂《せっ》政《しょう》の大任にともなう疲れがでたのかも知れない。八六六(貞観八)年閏《うるう》三月朔日には清和が良房の染殿第《そめどののてい》▲を訪れ、観桜の詩宴《しえん》を催している。

しかし、良房がゆっくりと身を休めることは許されなかった。閏三月十日夜、大内裏《だいだいり》朝堂院《ちょうどういん》の正門応天門《おうてんもん》が焼亡したのである。応天門の変《へん》の発端であった。『日本三代実録《にほんさんだいじつろく》』▲は「夜、応天門に火あり、延びて棲鳳《せいほう》・翔鸞《しょうらん》両楼を焼く」と簡潔に記すのみであるが、幸いにも私たちは『伴大納言絵巻《ばんだいなごんえまき》』によって、現場に立っているかのような臨場感をもって、そのようすをうかがうことができる。現在三巻になっている絵巻の上巻冒頭は検非違使《けびいし》▲の出動のようすから始まる。検

▼**染殿第**　良房の邸宅。平安京左京北辺四坊六・七町を占めた(七・八町とする説もある)。平安中期には七町は清和院と称された。桜花で知られ、染殿花亭《かてい》とも呼ばれた。『枕草子《まくらのそうし》』十九段「家は」にも清和院とともにあげられている。

▼**『日本三代実録』**　『日本文徳《もんとく》天皇実録』についで、八五八(天安《てんあん》二)年八月から八八七(仁和《にんな》三)年八月まで二九年一カ月におよぶ清和・陽成《ようぜい》・光孝《こうこう》天皇三代の記録をおさめる国史。六国史《りっこくし》の最後。

▼**検非違使**　平安京内の治安維持・追捕《ついぶ》・裁判・行刑《ぎょうけい》を担当。八一六(弘仁七)年初見。左右衛門府《えもんふ》官人が兼帯し、左右衛門督《かみ》から任命される別当《べっとう》が統括。下級官人に火長《かちょう》(看督長《かどのおさ》・案主《あんじゅ》など)、下部に前科者を用いた放免《ほうめん》がいた。

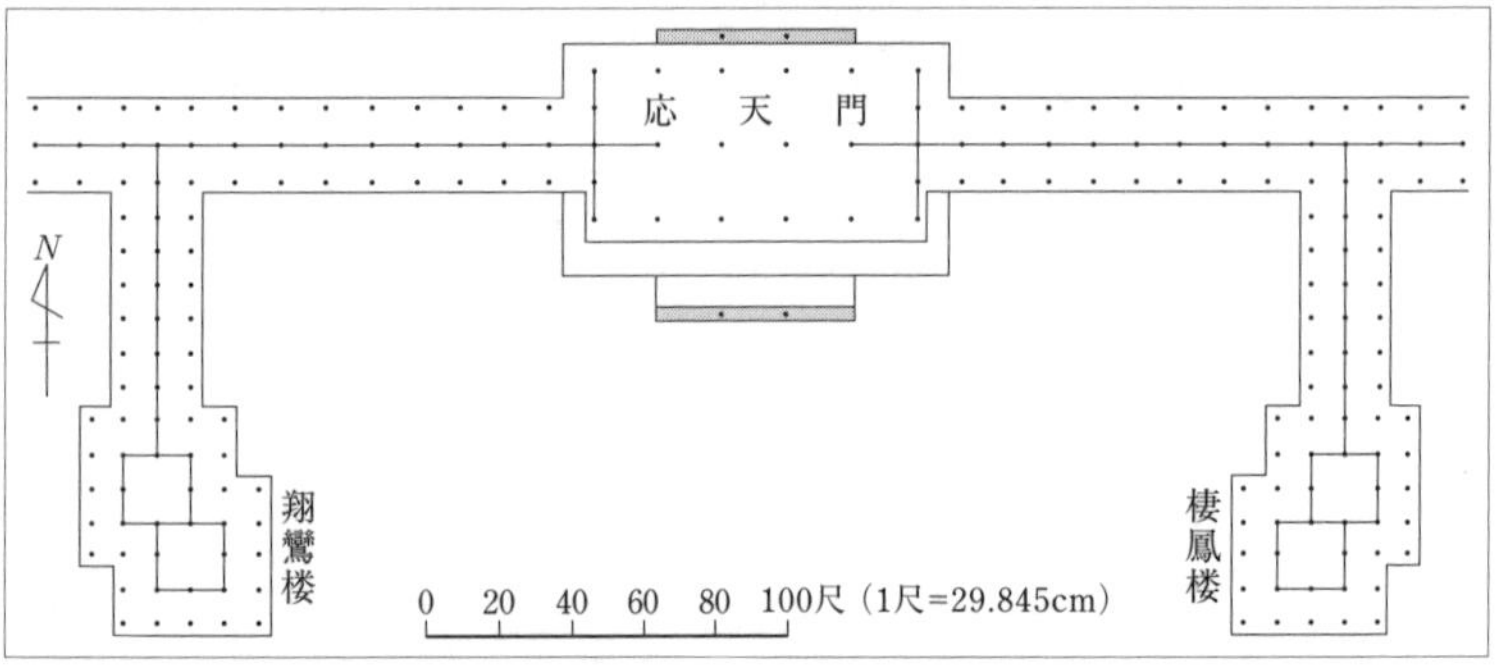

応天門と棲鳳楼・翔鸞楼の復元平面図（角田文衛作図）

応天門炎上を見上げる群衆(『伴大納言絵巻』部分)

『伴大納言絵巻』

現在の上巻には応天門炎上とこれを源信の放火と讒言《ざんげん》する伴善男，良房が清和天皇に慎重な対応をうながす場面が，中巻には源信邸に向かう赦免《しゃめん》の使者，天に無実を訴える源信，赦免の知らせに喜ぶ信の家族，真相発覚のきっかけとなる子どもの喧嘩の場面が，下巻には真相を知る舎人《とねり》が連行・訊問される場面と善男邸に向かう検非違使，嘆き悲しむ善男の家族，善男連行の場面が描かれている。制作は12世紀末の後白河院政期。国宝。

非違使の向かう先には駆けていく人びとが描かれ、朱雀門《すざくもん》をはいったところで群衆が空をあおいでいる。火の粉がふりかかり、上空には黒煙がたなびいている。そしてその先で、紅蓮の炎につつまれているのが応天門とその東西の棲鳳楼・翔鸞楼である。その奥にも、炎上する応天門を見上げる人びとが描かれている(五六・五七ページ写真参照)。二〇三人もの人びとが活写されたこの場面は、みる者を釘付けにする。

『伴大納言絵巻』は、その詞書《ことばがき》が『宇治拾遺物語《うじしゅういものがたり》』▲におさめる「伴大納言、応天門を焼く事」とほぼ同文に近く、説話に基づいて描かれたと考えられている。説話の物語構成のおもしろさと絵巻の表現の確かさがあいまって美術史上の傑作が生まれたのだが、以下では説話はさておき、『日本三代実録』などからその後の事態を追っていこう。

▼『**宇治拾遺物語**』　鎌倉時代の説話集。序文と一九七話をおさめる。『古事談《こじだん》』が有力な出典という。

あいつぐ世情不安

応天門炎上の数年前から、世情はいささか安定を欠いていた。八六二(貞観四)年冬から咳逆病《がいぎゃくびょう》(流行性感冒)が流行し、八六三(同五)年に朝廷ははじめて神《しん》泉苑《せんえん》▲で御霊会《ごりょうえ》▲を行って疫神《えきしん》の沈静化を祈っている。八六四(貞観六)年には富士山の噴火や阿蘇神霊池《あそしんれいいけ》の震動などが報告され、八六五(同七)年は兵疫《へいえき》の災が予言されていた。八六六(貞観八)年も疫癘《えきれい》や兵疫の不安は去らず、正月には王公以下の群飲を禁じている。二月には米価高騰への対策として公定価格を定めてもいる。

このようなかでの応天門炎上は、人びとを不安におとしいれたであろう。大祓《おおはらえ》や諸寺での読経《どきょう》が行われ、六月三日には早速再建のための料材調達に官人《かんじん》が派遣された(再建は八七一〈貞観十三〉年十月)。その月は雨にめぐまれず、月末には「天下大旱《たいかん》、民、飢餓《きが》多し」という状況になった。七月にはいると皇祖神《こうそしん》をまつる伊勢《いせ》神宮に使者が派遣されて応天門焼亡を報告し、物《もの》の怪《け》、天皇の健康、火災と兵疫などに対する加護を祈っている。南海道《なんかいどう》の神々にも幣帛《へいはく》が献じられ、同様の祈願とともに、「もし狂人の国家を亡ぼさんと謀《はか》る事ならば」神々の加護であらわしてほしいとしている。四月に瀬戸内海諸国などに海賊追捕を命じたこととも関連があろう。

▼**神泉苑**　平安京大内裏の南東にあった南北四町、東西二町の苑池。天皇の遊幸・遊猟に用いられたが、九世紀後半以降は祈雨・請雨《きうしょう》の修法《しゅほう》の場となり、干害の際は水門《すいもん》を開いて京中に水を提供した。

▼**御霊会**　政争で非業《ひごう》の死をとげたり、憤死《ふんし》した人の怨魂《えんこん》が疫鬼《えきき》となり疫病を流行させると考えられ、これをなだめるため神としてまつることが平安初期ごろから民間で行われていた。八六三(貞観五)年、咳逆病で多数の死者がでたため、五月二十日、はじめて政府は崇道《すどう》天皇(早良《さわら》親王)・伊予《いよ》親王・藤原夫人(藤原吉子《よしこ》)・藤原仲成《なかなり》・橘逸勢《たちばなのはやなり》・文室宮田麻呂《ふんやのみやたまろ》を御霊としてまつり、礼仏講説、歌舞、騎射、相撲、走馬《はしりうま》を行い、都の人びとにも開放した。

意外な放火犯

応天門炎上の真相究明はまったく進まなかった。夜は人気のないところであるから放火の可能性が想定されたであろうが、誰が、なんのためにそのようなことをする必要があるのか。

ところが、事件は意外な展開をみせていく。八月三日、左京《さきょう》の人で備中国《びっちゅうのくに》の下級役人大宅鷹取《おおやけのたかとり》が、大納言《だいなごん》伴善男《とものよしお》とその子右衛門佐《うえもんのすけ》中庸《なかつね》らを応天門放火の罪で訴えたのである。翌日、鷹取は身柄を拘束され、訊問のため検非違使に送られた。七日には参議《さんぎ》の南淵年名《みなぶちのとしな》と藤原良縄《よしただ》が清和の勅命《ちょくめい》を受けて検非違使庁で伴善男を訊問した。そして十九日、良房に「天下の政《まつりごと》を摂行《せっこう》せよ」との勅命がくだる。良房は二十二日と二十三日にこれに対する辞表を呈している。二十九日には中庸が左衛門府《さえもんふ》に拘禁されたが、この日、善男らを告発した大宅鷹取の娘を殺害したとして生江恒山《いくえのつねやま》なる者が訊問されている。恒山は伴善男の従僕《じゅうぼく》で、同じ従僕の伴清縄《きよただ》とともに鷹取の娘を殺害したという。三十日には清縄も訊問された。

善男は潔白を主張した。が、拷問《ごうもん》を受けた恒山・清縄らが、応天門への放火は善男自身がしたことではないが、中庸がしたのだと述べ、それを踏まえて中庸は善男の教唆を受けたのだと断じられた。九月二十二日、伴善男・中庸、紀《きの》豊城《とよき》、伴秋実《あきざね》・清縄の五人が応天門放火犯とされた。斬刑のところ死一等を減じられ、善男は伊豆《いず》国、中庸は隠岐《おき》国、豊城は安房《あわ》国、秋実は壱岐《いき》国、清縄は佐渡《さど》国へ配流《はいる》された。従僕の豊城・秋実・清縄の兄弟子孫八人も遠流《おんる》とされた。二十五日には善男の宅地資材が没収され、桓武《かんむ》・仁明《にんみょう》陵に経緯を報告する使者が派遣された。なお、善男らを告発した鷹取の娘を殺害した生江恒山は中庸に仕えており、その命を受けての犯行とされ、十月二十五日に遠流に処されている。

良房・信・良相・善男

以上は『日本三代実録』の記事から知られる応天門の変の顚末であるが、それは大納言伴善男の失脚で幕を閉じた。善男は幼いころから頭脳明晰で弁が立ち、朝廷の制度にも詳しく、判断も適切、問われて答えられないことはなかったという。蔵人《くろうど》・蔵人頭《とう》として仁明天皇に仕え、弁官をつとめて八四八(嘉祥《かしょう》元)

年には参議、八六〇(貞観二)年に中《ちゅう》納言、八六四(同六)年に大納言になっていた。伴氏からの公卿《くぎょう》任官は善男の父国道《くにみち》以来であった。

ところで、変当時の廟堂《びょうどう》上位の構成は太政大臣《だいじょうだいじん》良房、左《さ》大臣 源 信《みなもとのまこと》、右《う》大臣藤原良相《よしみ》(良房弟)、大納言 平 高棟《たいらのたかむね》・伴善男となっていた。『日本三代実録』の左大臣源信の薨伝《こうでん》には以下のように記されている。信と善男のあいだには対立があった。八六四(貞観六)年冬に信と弟の源融《とおる》・勤《つとむ》らが謀反《むほん》を計画しているとの投書があると、善男は「信が不善《ふぜん》をなそうとしているとの噂《うわさ》が以前からあったが、今それが明らかになった」と述べた。翌年春には信の家人《けにん》で騎射をよくする者が日向《ひゅうが》・甲斐《かい》・肥後《ひご》の掾《じょう》や目《さかん》▲に任じられた。それは昇進にみえるが、実は信の威勢を奪うためであった。さらに翌八六六(貞観八)年春には、善男は右大臣の良相とはかり、使者をつかわして信の邸第《ていだい》を囲ませた。良房はこのことを知らなかったが、事を聞いて愕然として色を失い、天皇に確認した。清和はまったく知らないと答え、勅使《ちょくし》を派遣して信を慰撫《いぶ》した。これにより信は虎口《ここう》を脱することができたが、駿馬《しゅんめ》一二疋《ひき》と従者四〇余人を朝廷に献じて、他意のないことを示した。朝廷はこれをすべて信に返した。また、善男の伝で

▼**掾・目**　律令制《りつりょうせい》の国司《こくし》は守《かみ》・介《すけ》・掾・目の四等官《しとうかん》からなり、中央貴族・官人が任命・派遣された。

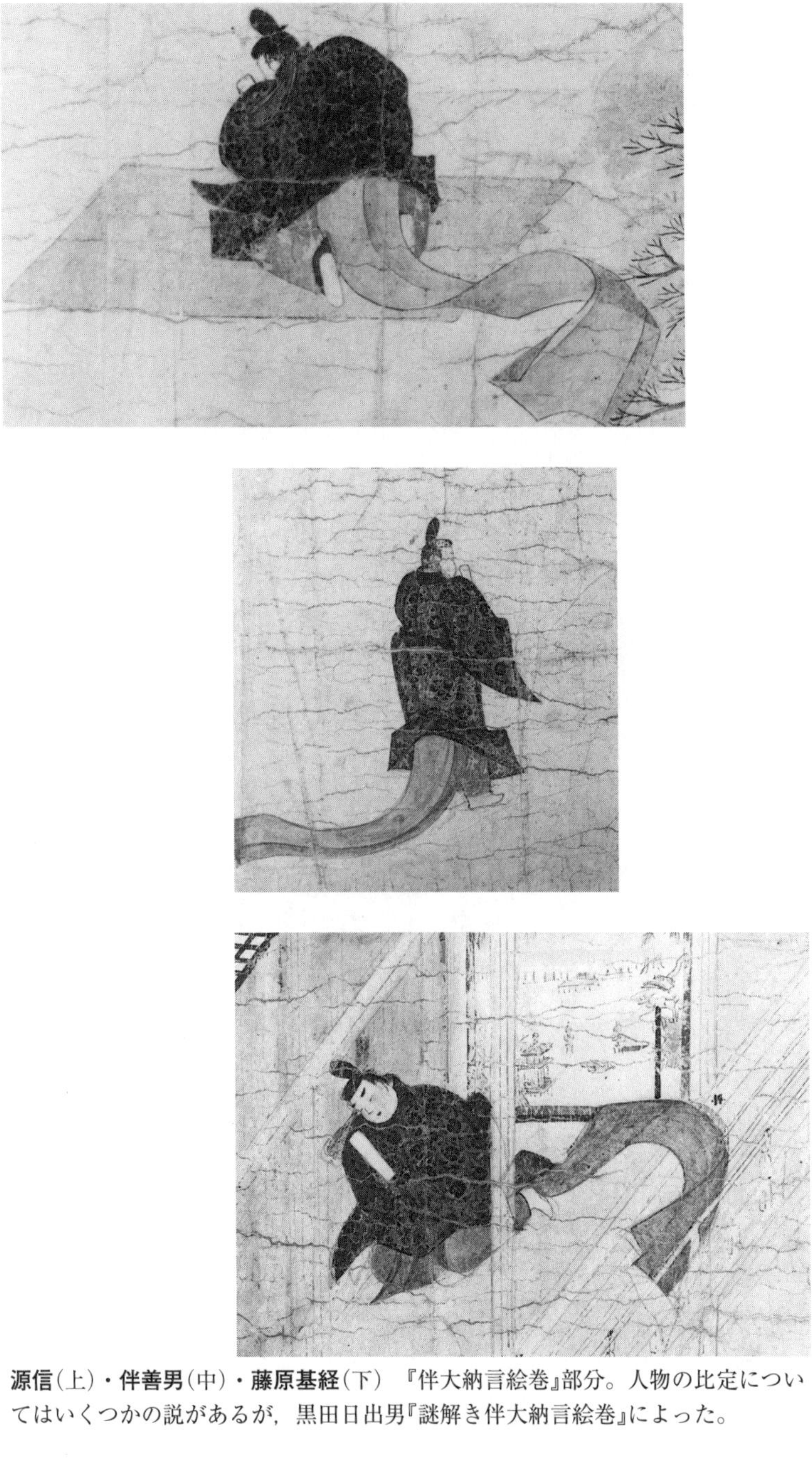

源信（上）・**伴善男**（中）・**藤原基経**（下）　『伴大納言絵巻』部分。人物の比定についてはいくつかの説があるが，黒田日出男『謎解き伴大納言絵巻』によった。

は貞観の初めに両者のあいだに対立が生じ、善男が信の謀反を誣告《ぶこく》したとの記述になっている。

また、さきに惟喬《これたか》親王擁立に関して紹介した『吏部王記《りほうおうき》』は、話の先を以下のように続けている。応天門炎上後、良相と善男が信を退けようとし、近衛《このえ》中将《ちゅうじょう》・参議の基経《もとつね》を召し、「応天門の失火は信の仕業《しわざ》である、これを召しだせ」と命じた。基経が、「太政大臣(良房)はこのことを知っているか」とたずねると、良相は「太政大臣は仏法《ぶっぽう》に専心しており、このことは知らない」と答えた。基経は「重大なことなので太政大臣の判断をあおがずに軽々しく命を受けることはできない」と答え、良房にこのことを知らせた。良房は驚き、清和に、「左大臣(信)は陛下には大功ある臣である。罪が明らかになってもいないのに罰しようとはどういうことか。もし左大臣を罰するのであれば、まず私を罪に問うてほしい」と奏した。清和は知らなかったのでおおいに驚き、その旨を伝えさせて事なきをえた。

二つの史料に共通するのは、善男が良相とはかって左大臣の信を失脚させようとし、いったんは信が追いつめられたが、良房によって窮地を救われたということである。『吏部王記』では信を失脚させる直接の理由とされたのが応天門への放火であったとするが、『三代実録』ではそれは明記されていない。が、応天門炎上は閏三月。善男が良相とはかって信の邸第を囲ませようとしたのはその年の春とあるので、放火を理由にした可能性も考えられる。いずれにしても、信が失脚すれば、空席となった左大臣に良相がのぼり、良相にかわって善男が右大臣となる道が開ける。しかし、それは良房によって阻まれた。

結果的に、良房の介入で善男が罪に問われたので、両者の関係にも関心がもたれてきた。が、善男が流罪となるまでの一七年間、良房の妹順子《のぶこ》に中宮大《ちゅうぐうだい》夫《ぶ》・皇太后宮《こうたいごうぐう》大夫・太皇太后宮《たいこうたいごうぐう》大夫として仕えていたこと、善男の公卿任官と昇進は良房が右大臣となって以後であること、良房とともに『続日本後紀《しょくにほんこうき》』の編纂にあたっていることなどから、両者のあいだに対立的関係をみいだすのはむずかしいようである。

一方、良相は良房の同母の弟。仁明朝末年の八五〇(嘉祥三)年に参議となって以後昇進を重ね、良房が太政大臣になった跡を承《う》けて右大臣となっていた。参議から右大臣までを良房のほぼ半分の年数で駆け上がっている。その薨伝には貞観の初め政務に精励したと記されている。たしかに、良房が太政大臣になって官符《かんぷ》・官宣旨《かんせんじ》の上卿《しょうけい》をつとめなくなると、かわってほぼ独占的に上卿をつとめている。また、清和元服の日に娘多美子《たみこ》を入内《じゅだい》させている。多美子は清和からとくに愛されたという。良房が兄長良《ながら》の娘高子《たかいこ》を清和に入内させるのは応天門の変のあとであるから、清和の後宮《こうきゅう》対策では良相は良房に一歩先んじていた。良相は変後もその地位に変わりはなく、官符・官宣旨の上卿もつとめている。が、変の年の十二月には病を理由に三度にわたって右大臣の辞表を呈し、出家《しゅっけ》の意を表した。それは認められなかったが、翌年には没している。こうした良房と良相の関係に微妙なものを読みとり、善男を断罪したのは、実はその共謀者と目された良相に圧力を加えるためであったとの説もある。

以上が、応天門の変について史料から明らかにできる内容とこれまで示されてきた諸説である。結局のところ、伴善男が放火犯だったのか否かも含め、真犯人はわからない。「応天門」の名は唐《とう》の宮城《きゅうじょう》の門名にならったものであるが、それはかつて宮城正門を大伴《おおとも》氏が守護したことから「大伴門」と呼んだ系譜を引く。とすれば、みずからの祖先の名に由来する門に善男なり中庸なりが放火するとは考えがたいことになる。

犯人捜しの迷路を脱して応天門の変の結果をみれば、清和朝の貴族《きぞく》最上層部、信・良相・善男のあいだに兆していた対立が善男を犠牲にすることで表面上解消されたことになる。良房がこの対立とどのような関係にあったのかが知りたいところであり、これについてもさまざまな説があるが、それを史料から論証することはむずかしい。あえて私の推測を述べるならば、良房はこの対立を知りながら、三者のいずれともいわば等距離を保っていたのではないだろうか。良房にしてみれば、この対立の渦中にみずから身をおく必要などまったくないばかりか、それをすれば、それこそ貴族最上層部を二分することになってしまうからである。

良房は事態の収拾にもっとも頭を痛めたことであろう。最終的に、対立関係にあったわけでもない善男にすべてをおわせたのはなぜなのだろうか。それは、善男に対する訊問が清和の勅命によって行われたことを、良房が重く受けとめたことによるのではないかと私は考えている。たとえ善男が嫌疑を否定していても、善男の訊問を命じた清和の判断に誤りがなかったことにするためには、善男に罪をおわせる以外にはないのである。善男とその関係者に一切の責をおわせ、良相については不問に付す。それが清和を傷つけず、貴族最上層部の対立についてももっとも小さな犠牲で幕を引く最良の策だと考えたのではないだろうか。清和薨伝に、善男が罪を認めず、善男への嫌疑を疑う者もあったが清和はゆるさなかったとあるのも、善男断罪が清和の意志（あるいは面子《めんつ》）にかかわっていることを示していよう。

良相は変の翌年に五五歳で、源信はその翌年に五九歳で没した。一人罪をおわされた伴善男も、信と同年に配所で没したとされる。五八歳であった。彼らの死を、良房は、また清和はどのような思いで聞いたであろうか。

八六六（貞観八）年勅について

応天門炎上事件の真相究明が進まないなか、八六六（貞観八）年八月十九日、太政大臣良房に「天下の政を摂行せよ」との清和の勅がだされた。これまで長く、これによって良房が正式に摂政に任じられたと考えられてきた。しかし、良房は清和即位当初から摂政の職掌を果たしており、清和元服を機にそれを辞しようとしたが、摂政を辞したあとの良房の待遇が決まらなかったため、その辞意は認められなかったと考えるべきことはすでに述べた。

では、この勅についてはどう理解すればよいのだろうか。勅を受けた良房は、八六四（貞観六）年冬の大病以来気力も体力も衰えていることを理由に辞表を呈した。それに対して清和は、「廼者《だいしゃ》怪異荐臻《せんしん》（最近怪異が頻発している）、内外騒然、須《すべから》く公の助理《じょり》を頼み、且つは静謐を得べし」と述べている。このことから、この勅は応天門の変前後の政治不安の解決を意図し、大病後出仕がとどこおりがちであった良房の精励を求めたものとすることはおおむね共通の理解がえられているといってよい。

私はこの勅がだされたのが伴善男に対する尋問が行われた直後であることに注目したい。前節で紹介した変後の動きや、そもそもこの勅がだされていることからすると、これ以前の対応に良房はほとんどかかわっていなかったのではないかと考えられる。そんななかで解決にあたるべき廟堂上層部は、左大臣源信は謀反の嫌疑をかけられて以後逼塞していた。右大臣良相も善男との関係が疑われていたとすれば迂闊《うかつ》には動けなかったであろう。大納言伴善男は、まさに放火の嫌疑で取り調べられているのである。とくに善男への訊問は清和の勅命によって行われたが、公卿への訊問は重大である。しかも善男は嫌疑を否定したから、清和には打つ手がなくなったのであろう。となれば、清和が頼るべきは良房以外にはありえなかった。元服をすませ、大権行使能力を備えた天皇とみなされていたにもかかわらず清和がこうした勅をだしたのは、危機感と焦燥にかられてのことであったと思われる。良房はこの清和の窮地を救うべく、老いの身に鞭打たねばならなかったのである。

では、この勅で託された「天下の政を摂行せよ」との職掌はいつまで行われたのであろうか。この勅をもって良房が正式に摂政に任じられたとする従来の説では、良房は没するまで摂政の職掌を果たしたとされてきた。近年では、良房は清和元服にともない摂政を辞したが、この勅で再任され、やはり没するまでその職掌を果したとする説もある。

私自身は、清和元服にともなう良房辞意は結果的に認められず、したがってこの勅の有無にかかわらず、良房は没するまで摂政の職掌を果たすことは可能であったと考えている。実際、良房晩年まで摂政の職掌を果たしている事例はあった。ただし、それは清和元服以前の、良房がいわば全面的に大権代行を担っていたあり方と異なり、清和自身による大権行使と併存していたこと、また、清和も良房も、摂政は本来幼帝に対するものと認識していたことはさきに述べた。これらを踏まえると、清和元服後にだされたこの勅で、清和が良房に改めて全面的な大権行使を委ねたり、良房が大権代行をふたたび全面的に担おうとしたと考えることはできない。この勅にこめられた清和の意図はあくまでも応天門炎上以来の政治不安の解消だったのであり、良房もそれを承知して対応したと解するべきであろう。

良房逝く

清和朝には、官人の交替についての規定を集めた貞観交替式《しき》、弘仁格《こうにんきゃく》・式以後の法令で今後も効力を有するものを集めた貞観格・式が編纂されている。一方、治世の後半は旱魃《かんばつ》・霖雨《りんう》による不作と飢饉《ききん》・疫病《えきびょう》があいついだ。そんななか、良房が東一条第《ひがしいちじょうてい》で没したのは、応天門の変から六年後の八七二(貞観十四)年九月二日、六九歳であった。良房は都《みやこ》で流行った咳病にかかり、二月十

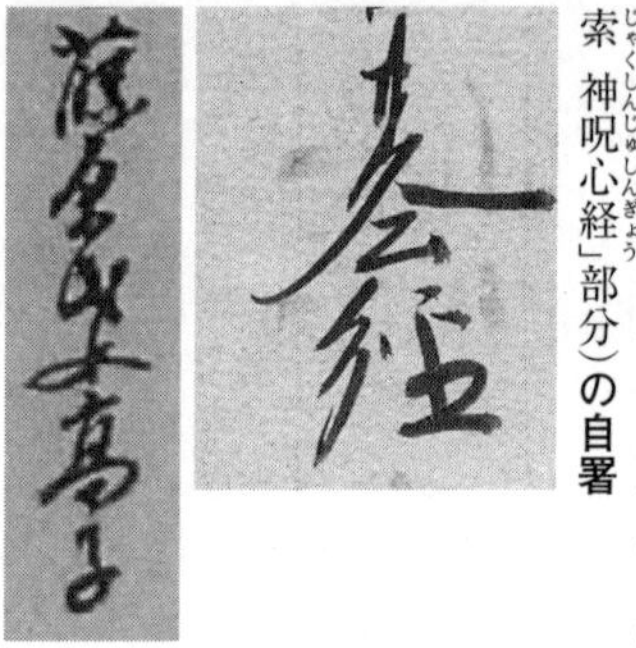

藤原基経（右。「貞観寺《じょうがんじ》根本《こんぽん》目録」〈重文〉部分）**と藤原高子**（「不空《ふくう》羂索《けんじゃく》神呪心経《しんじゅしんぎょう》」部分）**の自署**

▼**素性法師**　生没年未詳。六歌仙《ろっかせん》の一人遍照《へんじょう》（俗名良岑宗貞《よしみねのむねさだ》）の子で、三十六歌仙の一人。歌意は「まっ赤な血の涙が落ちて激しく流れています。この白河という名は、あなたがご健在であられた時代までの名だったのですね」（片桐洋一氏による）。

五日に宮中《きゅうちゅう》の直廬《じきろ》から私第に遷った。それまでは清和が私第に戻ることを許さなかったため、つねに宮中にあったという。清和の良房への篤い信頼は最後まで変わらなかったのである。九月四日、正一位《しょういちい》を追贈《ついぞう》し、美濃公《みのこう》に封じること、忠仁公《ちゅうじんこう》と諡《おくりな》すること、生前の太政大臣の官も食封《じきふ》・資人《しじん》もそのままとすることが柩《ひつぎ》の前で宣せられたのち、同日、山城《やましろ》国愛宕《おたぎ》郡白川《しらかわ》辺にほうむられた。『古今和歌集《こきんわかしゅう》』には、良房葬送の夜によまれた歌として、「血の涙落ちてぞたぎつ白河《しらかわ》は　君が世までの名にこそありけれ」（素性法師《そせいほうし》）▲をおさめる。

良房には男子がいなかったため、兄長良の子基経を後継者としていた。基経は八六四（貞観六）年に参議、応天門の変の年には良房と同じく先任者七人を超えて中納言となり、八七〇（同十二）年に大納言、良房が没する直前に右大臣となって、良房の政治的地位を着実に継承していった。また、良房は同じく兄長良の娘高子を清和の後宮にいれた。高子は入内は遅かったが、八六八（貞観十）年に清和第一皇子貞明《さだあきら》を産んでいる。貞明は生後五〇日を待たずに皇太子に立てられた。

旅立つ良房には、みずからなきあとについて「物思ひ」はなかったであろう。

⑤—移りゆく時代のなかで

古代から中世への転換の胎動期に

かつて、平安《へいあん》時代は律令《りつりょう》制がくずれていく時代とみなされていた。が、研究の進展にともない、奈良《なら》時代とは異なる社会のあり方やそれに対応した律令制とは異なる独自の支配の仕組みが形づくられていたことが明らかにされ、古代から中世に移行・転換していく過程としてとらえられるようになった。良房が生きた九世紀はその胎動が始まった時期にあたる。本節ではこれまでみてきた宮廷《きゅうてい》社会の動向から目を転じて、社会の変化と支配の変容を追っていこう。

律令国家は人民を戸籍に登録し、戸籍登録地で口分田《くぶんでん》を班給《はんきゅう》し、人びとをそこで支配しようとした。口分田は班給面積が決まっていたから、建て前として人びとは同じ規模の生活を営むことになる。それを前提に均一な租税を負担させた。租税のなかでは成年男子を対象とする人頭税《じんとう》の調庸《ちょうよう》が都《みやこ》へ運ばれ中央政府の財源にあてられたから、調庸を負担する課丁《かてい》数の確実な把握のために毎年計帳《けいちょう》が作成された。籍帳《せきちょう》制・班田《はんでん》制・調庸制は深く関連しており、戸籍作成も班田収授《しゅうじゅ》も奈良時代には原則として六年に一度、全国いっせいに行われた。

ところが、戸籍は九世紀の第1四半期以降は全国いっせいにつくられることはなくなり、つくられた戸籍も課丁ではない高齢者や女性が不自然なまでに多い、現実とは乖離したものになってしまう。班田収授も八〇〇(延暦《えんりゃく》十九)年が全国いっせい実施の最後となり、九世紀後半には半世紀も行われていない国や地域もあった。調庸を負担すべき課丁数も、九世紀後半には八世紀末の三分の一以下に減少したという。それは調庸の納入量減少、未納累積に直結し、おさめられても期限を大幅にすぎてからだったり、質の悪いものになっていった。

一方、農村では農料貸付けや租税代納の代償に人びとの口分田や墾田《こんでん》を集積し、農業経営を拡大した「富豪《ふごう》の輩《ともがら》」が台頭してくる。政府は彼らからの租税収奪をはかるようになる。これが軌道に乗れば、全人民を戸籍・計帳で把握する必要はなくなる。さきにふれた減少した課丁数は、国司《こくし》が把握した富豪の輩の数として理解できるとの説もある。また、富豪の輩の基盤である土地からの租税収奪を確実にするため、人頭税から土地税に重点を移していった。班田は実施されなくなっても、本来班田準備作業であった校田《こうでん》(田地の所在・面積・保持者の調査)が行われた記録があるのは、富豪の輩の経営実態の把握につとめていたと理解することができる。しかも、そうして把握した富豪の輩の経営に即して課税しようとすれば、彼らの土地経営に介入することになりかねない班田収授は、あえてそれを行わなければならない必然性はみいだせなくなるだろう。こうして籍帳制・班田制の人民支配に果たす役割は低下していったのである。

変容する支配を担ったのは国司であった。驚くべきことに詔《みことのり》で、国司が律令に反する措置を講じても私利追求のためでなければ許すとまでいわれるようになる。政府の期待に応えるべくさまざまな方策を試み、成果をあげた国司は「良吏《りょうり》」と称揚され、公卿《くぎょう》への抜擢も約束された。ただし、九世紀には政府は戸籍作成や班田収授をうながすなど、律令制に基づく支配を放棄したわけではなかった。律令制の外皮の下で、現実には律令制とは異なる支配のあり方の模索が始まっていたのであった。良房は大納言時代に五年余つとめた民部卿《みんぶきょう》として、それ以後も官符《かんぷ》・官宣旨《かんせんじ》の上卿《しょうけい》としてこうした政策動向に通じていたであろう。

変化する現実に対応したあらたな支配の模索に対し、富豪の輩はそれに抵抗するようになる。九世紀後半には国司が訴えられたり、襲撃・殺害されるなど

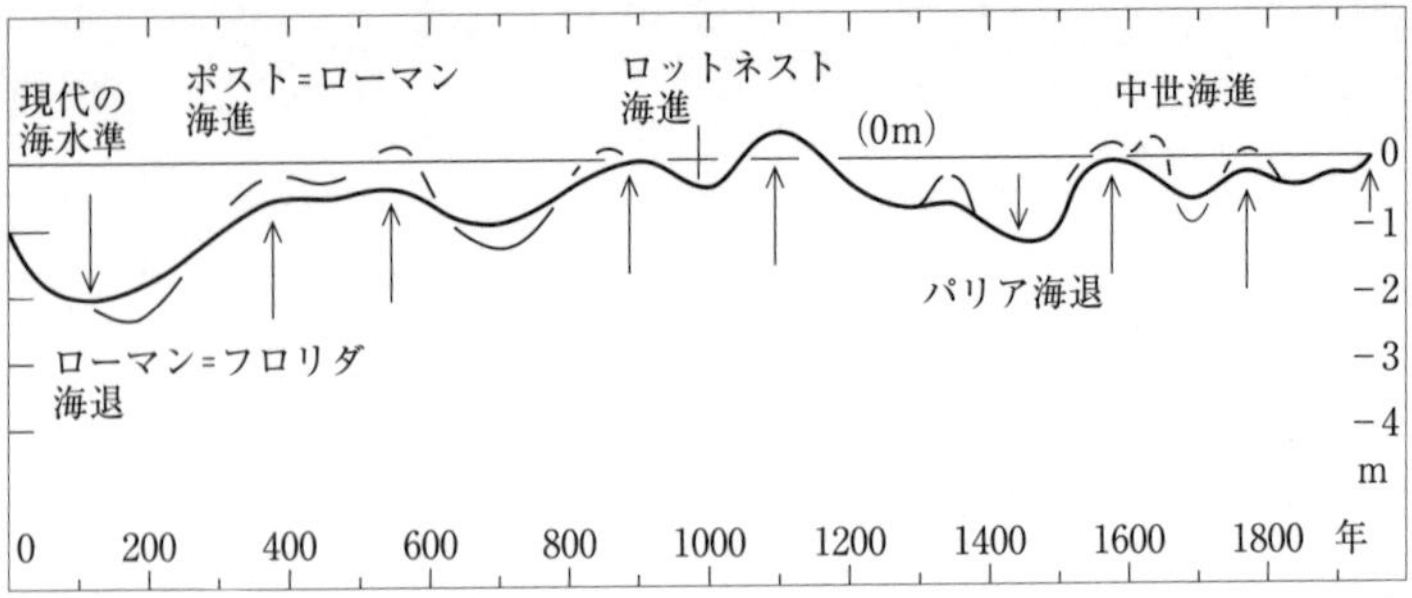

フェアブリッジ教授の海水準曲線（山本武夫『気候の語る日本の歴史』による）

の事件が起きている。讃岐《さぬき》権守《ごんのかみ》弘宗王《ひろむねおう》は当国の百姓《ひゃくせい》から訴えられ、政府から派遣された使者に非を認めて禁獄された。が、まもなく大和守《やまとのかみ》となり、当時右《う》大臣であった藤原良相《よしみ》から「頗《すこぶ》る治名あり」として政見を聞くべき人物とされている。その後越前守《えちぜんのかみ》時代にも出挙《すいこ》で不正を行ったとして訴えられた。政府からみた良吏のなかには、人民からは酷吏《こくり》と認識される者もいたことが知られる。

さらに富豪の輩は院宮王臣家《いんぐうおうしんけ》といわれた皇族や貴族《きぞく》に家人《けにん》として仕えることにして合法的に租税免除・不逮捕の特権を手にいれ、みずからの経営する土地を院宮王臣家の荘園《しょうえん》と称して国司の課税を拒否するようになった。それは国司の国内支配をおびやかし、租税収奪を困難にした。院宮王臣家と富豪の輩の結びつきによる国司支配への抵抗にどう対応するかは、九世紀末の大きな政治課題となっていった。これを克服したところに十世紀以後の、律令制とは異なる原理に立つあらたな支配の仕組みが打ち立てられることになる。

ところで、歴史学は人間の営みを研究対象とするが、それは舞台となった自然環境の変化から自由ではありえない。なかでも地球規模の気候変動は農業生産に大きな影響をあたえる。九世紀から十世紀はロットネスト海進(平安海進)

▼方略試　令《りょう》制における最高の官吏《かんり》登用試験である秀才《しゅうさい》試の平安時代の称。対策、献策ともいう。問題(方略策)二題についての論文試験。八七〇(貞観十二)年の今一つの論題は「氏族《しぞく》を明らかにす」で、菅原道真が受験、合格した。

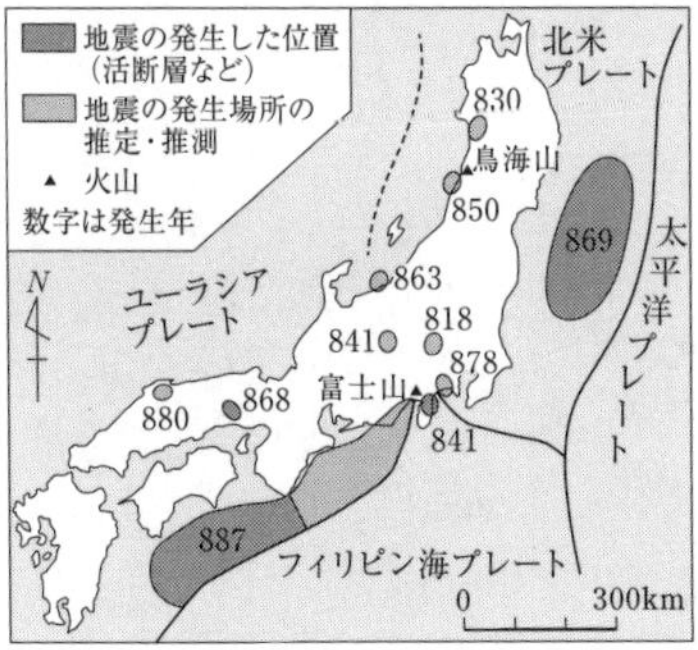

九世紀の大地震(寒川旭『地震の日本史　大地は何を語るのか　増補版』による)

の第一の高まりの時期にあたり、地球が温暖化していた。平安時代の日本列島は現在と比べると年平均気温が約一、二度高かったとの推定もある。嵯峨《さが》朝《ちょう》後半と仁明《にんみょう》朝中期、清和《せいわ》朝後半の旱魃《かんばつ》・霖雨《りんう》による不作と飢饉《ききん》は気候温暖化によるものであった。この温暖化は十一世紀にピークを迎え、以後、寒冷化に向かう。摂関《せっかん》政治期の安定の背景に温暖化した地球環境があったことは興味深い。

また、『日本三代実録《にほんさんだいじつろく》』貞観《じょうがん》十一(八六九)年五月二十六日条には貞観地震の津波被害の記録がある。陸奥国《むつのくに》で大地震があり、人びとは泣き叫び、立っておられず、倒壊した家屋の下敷きとなって圧死したり、大地の裂け目に埋まったりし、「海口《みなと》は哮吼《ほ》えて声は雷霆《いかづち》に似、驚濤《なみ》涌潮《わきあが》り、泝洄《くるめ》き漲《みなぎ》長りて忽《たちま》ちに城下に至り、海を去ること数十百里、浩々として其の涯涘《はて》を弁《わきま》へず、原野も道路も惣て滄溟《うみ》となり、船に乗るに遑《いとま》あらず、山に登るに及びがたく、溺死する者千ばかり、資産《たから》も苗稼《なへ》も殆《ほとほ》と遺るものなかりき」とある。二〇一一(平成二十三)年三月十一日を彷彿《ほうふつ》とさせる。十月には天皇は使者を派遣し、蝦夷《えみし》の人びとも含め死者の埋葬と生者への物資給与、租税免除などを命じた。神仏への祈禱《きとう》とあわせ、当時の政府にできた最大の対応であっただろう。翌年の方略《ほうりゃく》試《し》▲の論題

八・九世紀の東アジア

の一つが「地震を弁ぜよ」であったことは、地震が貴族層に強い印象をあたえたことを反映していよう。

この前後、日本列島は東西で地震が頻発しており、八六四(貞観六)年には富士山、八七一(同十三)年には鳥海山《ちょうかいさん》の噴火も起きている。地震考古学の寒川旭氏は「九世紀の地震活動は、現在の日本列島と共通点が多く、将来に向けての教訓を得ることができる重要な時代と言えるだろう」とされる。大地の巨大なエネルギーとの共存は、時代を超えて、列島に生きる人びとの逃れがたい課題である。しかし、東日本大震災にともなう原子力発電所の事故とそれによる放射能被害は、原発がなければ起きることはなかったはずである。

変貌する東アジアと向きあって

つぎには、東アジアの中で良房の生きた時代をとらえてみよう。

奈良時代(八世紀)、日本律令国家は唐《とう》・新羅《しらぎ》・渤海《ぼっかい》と国家レベルの交わりをもった。それは単なる外交にとどまらず、三国との交わりによってみずからを「東夷《とうい》の小帝国」(唐には東夷の一国として臣礼《しんれい》をとって朝貢《ちょうこう》することで唐を頂点とする冊封《さくほう》体制▲に参入し、新羅・渤海には両国を朝貢させる帝国として臨む）と位置づけるために不可欠なものであった。

平安時代（九世紀）にはいると、渤海からは使節が引き続き来航し、交易を中心とした関係を保っていたが、唐・新羅との関係は大きく変わっていく。

まず、唐との関係では遣唐使《けんとうし》は桓武《かんむ》朝の八〇一（延暦二十）年任命のものと、仁明朝の八三四（承和《じょうわ》元）年任命のものが派遣されただけであった。承和の遣唐使は仁明天皇への代替わりにともなうもので三〇年以上ぶり、しかも六〇〇人を超える大使節団と、派遣する天皇や政府の意気込みがうかがえる。が、八三六・八三七（承和三・四）年の二度にわたり渡海に失敗。八三六年の渡海では第三船に乗っていた一一〇人余が海に呑まれた。それでもなお渡海をうながす天皇と政府に抗議して副使小野篁《おののたかむら》▲が乗船を拒否し、嵯峨太上《だいじょう》天皇の怒りを買って隠岐《おき》国に配流《はいる》されるという事件が起きている。八三八（承和五）年、三度目の渡海でようやく三艘が唐へたどりついたが、残る一艘は南海の賊地へ漂流し一四〇人余が命を落とした。大使一行は長安《ちょうあん》を訪れ唐皇帝に拝謁のあと、雇い入れた新羅船九艘に分乗して八三九（承和六）年に帰国した。

▼**冊封体制**　冊封は中国で国内の臣下《しんか》に領地《りょうち》と官爵《かんしゃく》をあたえることであったが、朝貢する諸国の王をもその国の王に任命して中国皇帝の臣下と位置づけることで、中国皇帝を頂点とする世界秩序が構想された。倭王《わおう》も五世紀までは冊封を受けていたが、推古《すいこ》朝の遣隋使《けんずいし》派遣以後は朝貢はするが冊封は受けない方針に転換し、蕃外《はんがい》の臣《しん》とされた。

▼**小野篁**　八〇二〜八五二年。文章生《もんじょうしょう》から春宮学士《とうぐうがくし》をへて、承和の遣唐副使となる。「わだの原八十島かけてこぎいでぬと人にはつげよ海人《あま》のつり舟」（『古今和歌集《こきんわかしゅう》』巻第九）は配流の際の歌。

承和遣唐使には天台僧円仁《てんだいそうえんにん》が随行していた。円仁は遣唐使帰国後も唐に残り、五台山《ごだいさん》▲巡礼《じゅんれい》を果たして八四七(承和十四)年に帰国する。彼が記した『入唐求法巡礼行記《にっとうぐほうじゅんれいこうき》』によって承和遣唐使のようすと円仁の足跡を詳しく知ることができる。円仁は帰国後、大宰府鴻臚館《だざいふこうろかん》▲に滞在中、大納言《だいなごん》良房に書状を送っている。良房と円仁の関係はこのころまでさかのぼるのである。なお、その後良房は円仁の弟子円珍《えんちん》▲の入唐実現にも尽力し、帰国後の活動を支援している。

承和遣唐使のあと、八九四(寛平《かんぴょう》六)年に菅原道真《すがわらのみちざね》▲を大使とする遣唐使が任命されたが、結果的に派遣されなかったので、承和遣唐使は事実上最後の遣唐使となった。ではなぜ、こののち遣唐使が派遣されなかったのか。遣唐使の役割は唐と日本の国家間の関係を結ぶことであり、それに付随して唐の文物を持ち帰ることであった。前者の役割については唐の衰退にともなうその国際的影響力の低下が、遣唐使派遣の必要性を低めたのである。一方、後者については、承和遣唐使が持ち帰った「唐物《からもの》」を内裏《だいり》正門の建礼門《けんれいもん》前で交易する「宮市《みやいち》」が開かれたことからもうかがわれるように、唐物の需要は高かった。それに応える唐物交易は八世紀には遣唐使・新羅使・渤海使などの国家間の使節の往来に付随

▼**五台山**　中国山西省《さんせいしょう》五台県の東北にある五峰からなる霊山《れいざん》。清涼山《せいりょうざん》ともいう。文殊菩薩《もんじゅぼさつ》示現《じげん》の霊地として信仰を集めた。

▼**鴻臚館**　外国使節の迎接・宿泊施設。京・大宰府・難波《なにわ》におかれた。鴻臚館の名は九世紀以降。大宰府鴻臚館は、福岡市鶴舞《つるまい》公園内の旧平和台《へいわだい》球場の一角にあたる。

▼**円珍**　八一四〜八九一年。八二八(天長《てんちょう》五)年、比叡山《ひえいざん》にのぼり、八三三(同十)年得度受戒《とくどじゅかい》。八五三(仁寿《にんじゅ》三)年に唐の商船で入唐。天台宗の奥義《おうぎ》を学び、八五八(天《てん》安《あん》二)年に帰国。八六八(貞観十)年天台座主《ざす》。入寂《にゅうじゃく》後、智証大師《ちしょうだいし》号を贈られた。

▼**菅原道真**　八四五〜九〇三年。文章生・文章得業《とくごう》生から官人《かんじん》となり、文章博士・讃岐守《さぬきのかみ》などをへる。宇多《うだ》天皇にみいだされて蔵人頭《くろうどのとう》から参議《さんぎ》となる。その後右大臣にまでのぼるが、醍醐《だいご》天皇の廃立をは

かったとして大宰権帥《だざいのごんのそち》に左遷され、配所で没した。没後、天神《てんじん》として崇められるようになる。

遣唐使船（『東征伝絵巻』部分）

して行われていたが、九世紀にはあらたな交易が活発化しつつあった。

唐や新羅の商人が日本を訪れるようになったのである。新羅との国家間の関係は、七七九（宝亀《ほうき》十）年来日の新羅使を最後にとだえてしまう。新羅は八世紀後半から政情が不安定になって叛乱があいつぎ、難を避けようと日本に逃れてくる人びとがある一方、政府の統制が衰えるなかで自由な交易活動を展開する人びともあらわれた。九世紀になると、唐にも活動拠点をもち、日本へ交易のために訪れる新羅商人による、唐・日本・新羅を結んだ交易が盛んになる。円仁は在唐中しばしば新羅商人に便宜をはかってもらっているが、なかには八年間も日本に滞在した経験をもち、日本語に堪能な者もいたと記している。

来日する新羅人に対し、政府はそれぞれに応じた対策を講じていた。帰化《きか》を望む者は受け入れ、そうでない者は送還する。商人については鴻臚館に滞在させて衣服・食料など日本での滞在費と帰りの旅費を支給し、船載品のなかから政府が必要と認めたものをまず買い上げ、残りを民間の売買に委ねるという政府管理下での交易を認めていたのである。

ところが、八四一（承和八）年、日本と新羅の交易に大きな役割を果たしていた新羅人張宝高《ちょうほうこう》▲が新羅国内の政争に関与して反乱を起こして鎮圧され、新羅から日本に残党の捕縛要求がもたらされた。この事態を受けて翌八四二(承和九)年、政府は今後日本を訪れた新羅人については帰化を望んでも食料をあたえて帰らせ、商人の場合も鴻臚館滞在や食料支給は行わず、民間での交易が終ればただちに帰国させることとした。新羅人の受入れ拒否と管理貿易からの新羅人排除である。新羅人が日本を訪れるのは天皇の徳を慕ってであり、だからこれを受け入れ保護するという帝国的発想より、隣国の政変の余波を避けるという現実的判断が優先されたのである。

しかし、政府・大宰府の新羅商人排除方針に対して、大宰府管理下の博多《はかた》以外に向かう新羅商人もあらわれ、それが政府・大宰府の不信を煽った。不信は新羅が日本を狙っているという猜疑心を生み、さらには日本国内にこれに呼応する者がいるという訴えも起こされるにいたった(新羅通謀事件▲)。

そんななか、八六九(貞観十一)年五月二十二日夜、二艘の新羅海賊船が博多湾で豊前《ぶぜん》国年貢《ねんぐ》絹綿を掠奪するという事件が起きた。政府は伊勢《いせ》神宮と石清水《いわしみず》八幡宮《はちまんぐう》にささげた告文《こうもん》で新羅に対する敵国視と、日本は神明《しんめい》の護《まも》り助ける国で

▼**張宝高**　?～八四一年。本名弓福《きゅうふく》、張保皐《ほうこう》とも。若くして唐に渡り武人となり、新羅に戻り清《せい》海鎮《かいちん》(莞島《ワンド》)を根拠地に勢力を築いた。国王擁立に功を立てたが、娘を王妃とすることに反対され反意をいだき、殺された。八四〇(承和七)年、日本に朝貢を願うが、「人臣に境外の交なし」として拒絶された。宝高死後、文室宮田麻呂《ふんやのみやたまろ》が宝高にあずけた交易代価の回収が新羅とのあいだで問題化することを危惧した日本政府は、宮田麻呂を謀反の罪で伊豆《いず》国に流した。

▼**新羅通謀事件**　八六六(貞観八)年、隠岐守《おきのかみ》越智貞厚《おちのさだあつ》が新羅人と謀反《むほん》をはかったとの密告。同年、肥前《ひぜん》国基肆《きい》郡・藤津《ふじつ》郡・高来《たかく》郡・彼杵《そのぎ》郡の郡司《ぐんじ》らが新羅人珍賓長《ちんひんちょう》とはかり、新羅に渡って「兵弩《へいど》器械」の製法を教え、支援をえて対馬《つしま》を「撃取《げきしゅ》」しようとしたとの密告。八七〇(貞観十二)年、大宰少弐《しょうに》藤原元利麻呂《もりまろ》が新羅国王と通謀し

あるという神国《しんこく》観を述べているが、これ以後、直接の国家間の交渉がないこともあって新羅への恐怖と敵視を一方的につのらせ、それゆえの排除、それらと一体となった蔑視を強めていくことになる。

新羅商人を排除するのにかわって、日本との交易の担い手として位置づけられたのが唐商であった。ただし、日本政府は在唐新羅商人が唐の発行する身分証明書を携帯してくれば、それも唐商として受け入れ、大宰府の管理下で官による先買とその後の民間交易を認めた。十世紀以後はこうした海商によって唐物と海外情報がもたらされるとともに、日中間を往来する海商の船に便乗して日本人僧侶が中国へ求法《ぐほう》の旅にでたのである。円珍もその一人であった。

良房の晩年は、唐・新羅の衰退を前に、日本が隣国の政変の影響を受けることがないようにしながら、必要な唐物と海外情報を入手するためのあらたな交易統制のあり方が模索された時期と重なる。十世紀にはいると唐・新羅・渤海はあいついで滅ぶが、日本にかつての百済《くだら》滅亡▲時のような激震が走ることがなかったのは、九世紀の模索が功を奏したことはまちがいないであろう。もちろん、良房はそれを知るよしもなかったが。

「国家を害」せんとしたとの密告。ほかに、八七〇年に新羅で捕われた対馬島人が、新羅が対馬を伐ちとろうとしていると密告した。

▼百済滅亡　六六〇年、唐・新羅連合軍により百済が滅ぼされると、百済遺臣は倭に百済復興支援を要請。六六三年、倭・百済連合軍と唐・新羅連合軍が白村江《はくそんこう》で会戦したが唐水軍に完敗。以後、倭は近江遷都《おうみせんと》や朝鮮式山城《やまじろ》築城で唐の侵攻に備える一方、六六八年に唐が高句麗《こうくり》を滅ぼすと祝賀の使者を派遣するなどして、唐との関係回復につとめた。近年は、白村江での敗戦を本格的な律令制導入の直接のきっかけとして重視する説もある。

⑥—良房のあとに

摂関政治の確立

良房の後継者基経《もとつね》は、八七七(元慶《がんぎょう》元)年に清和《せいわ》天皇が九歳の陽成《ようぜい》天皇に譲位すると摂政《せっしょう》に任じられた。幼帝に対する摂政設置は常例となった。基経の摂政で注目されるのは、基経が幼帝の補佐は父の太上《だいじょう》天皇か母后《ぼごう》がすべきだとしたが、清和太上天皇がそれを認めなかったことである。これにより、太上天皇が存在しても摂政が天皇大権代行を担うあり方が確立した。なお、このとき基経がふれた幼帝に対する母后の大権代行は日本ではこれ以前にはもちろん行われておらず、基経のこの言葉から母后の大権への関与を強調するのは正しくない。

基経は陽成が元服《げんぷく》すると摂政辞表を呈したが、良房の場合と同様、それを認めたあとの待遇が決まっていなかったため、陽成は辞表を認めなかった。ところが、まもなく陽成は粗暴を理由に廃位される。かわって即位したのは、仁《にん》明《みょう》—文徳《もんとく》—清和—陽成の皇統からすれば傍系で、それまで即位の可能性のまったくなかった仁明皇子で五五歳の光孝天皇《こうこう》。光孝は前摂政の基経を優遇しようとして、基経が帯していた太政大臣《だいじょうだいじん》の官に他の公卿《くぎょう》とは異なる特別な職掌はないか、学者に意見を述べさせた。しかし、曖昧な意見しかえられなかったため、「官庁にいましてつきて万政すべ行い、入りては朕《ちん》が躬《み》を輔《たす》け、出でては百官を総《す》ぶべし。奏すべきの事、下すべきの事、必ず先ず諮稟《しりん》せよ。朕、まさに垂拱《すいきょう》して成すを仰がん」との勅《ちょく》をだした。これによって基経にあたえられた、「天皇に奏すべきこと、天皇からくだすべきことについて、あらかじめ諮問にあずかる」、つまり天皇が政務の決裁をするにあたって最終的な意見を述べるというのが関白《かんぱく》の職掌の中核となった。こうして前摂政に関白という他の公卿にはない職掌をあたえることで彼を優遇するとともに、前摂政が天皇大権を代行するなかで蓄積した政務処理能力を活かすことが可能になった。なお、摂政・関白がおかれても太政官《だいじょうかん》での政務処理はこれまでどおり行われた。太政官で処理され、天皇の決裁があおがれた案件について、摂政は天皇にかわって決裁し、関白は天皇の決裁のいわば最後の相談に乗ったのである。摂関《せっかん》政治は太政官政治を前提に成り立っていた。

これ以後の皇位継承と摂政・関白の設置は上表のとおりであるが、関白という職掌が設けられたにもかかわらず、基経没後は関白をおかなかった宇多《うだ》天皇、まったく関白をおかなかった醍醐《だいご》天皇、藤原忠平《ただひら》没後は関白をおかなかった村《むら》上《かみ》天皇については、摂関政治の成立過程にあってなお天皇親政《しんせい》に意欲を燃やしたと理解されてきた。しかし、関白は本来前摂政への優遇措置であったから、前摂政がいなければおかれないのであり、関白の不在は天皇の親政への意欲とはなんら関係ない。

醍醐の場合、元服直後の即位なので摂政は不要、また、前摂政もいなかったので関白もおかなかった。が、醍醐の元服年齢一三歳はそれ以前の天皇の元服年齢一五歳に比べて低かったため、当時の観念からいえば少主・幼主であった。そこで、公卿筆頭の大納言《だいなごん》藤原時平《ときひら》▲と権《ごん》大納言菅原道真《すがわらのみちざね》に関白の職掌の中核を担わせて補弼《ほひつ》にあてた。これが内覧《ないらん》である。一三歳での元服に無理があったのだが、宇多があえて醍醐を元服のうえで即位させたのは摂政をおくことができない事情があったからであった。摂政・関白は大臣経験を有することが条件であったが、公卿筆頭の時平は大納言で大臣経験がなかったのである。摂政が

▼**藤原時平**　八七一～九〇九年。藤原基経男。二〇歳で参議《さんぎ》となり、その後左《さ》大臣までのぼるが子孫は繁栄せず、藤原北家《ほっけ》の嫡流は弟忠《ただ》平《ひら》の子孫に移った。それは、菅原道真を左遷したため、その怨魂《えんこん》によると考えられた。

関白など
良房，摂政を辞するも認められず
基経，摂政を辞するも認められず
基経
基経。891年基経没後はおかず
時平・道真を内覧とする。二人のあとはおかず
忠平
実頼。摂政経験のない関白の始め

天皇践祚・元服と摂政・関白

天皇	天皇践祚		摂政	天皇元服		
	年　次	年齢		年　次	年齢	年　次
清和	858(天安２)	9	良房	864(貞観６)	15	864(貞観６)
陽成	876(貞観18)	9	基経	882(元慶６)	15	882(元慶６)
光孝	884(元慶８)	55				884(元慶８)
宇多	887(仁和３)	21				887(仁和３)
醍醐	897(寛平９)	13		897(寛平９)	13	897(寛平９)
朱雀	930(延長８)	8	忠平	937(承平７)	15	941(天慶４)
村上	946(天慶９)	21		940(天慶３)	15	
冷泉	967(康保４)	18		963(応和３)	14	967(康保４)

おけない以上、醍醐を元服させて即位させるほかない。摂政のあり方を尊重した結果であった。

醍醐のあと、朱雀《すざく》天皇が八歳で即位すると藤原忠平が摂政となった。朱雀元服により忠平は摂政辞表を呈し、関白とされた。同じ天皇において摂政を辞して関白となった最初である。

関白が前摂政への優遇措置と切り離されるのは、冷泉《れいぜい》天皇即位がきっかけであった。冷泉即位はすでに元服後であったから摂政をおく必要はなく、また、前摂政もいなかったから本来なら関白もおかれることはなかった。が、冷泉は幼少時より異常な行動が多かったため、太政大臣藤原実頼《さねより》がはじめて摂政経験のない関白となり、これを補佐することとなった。これ以後、関白は前摂政に対する優遇措置から切り離されて、元服後の天皇を補佐する職掌としていわば独り立ちしたのである。一般にこれ以後摂関常置となったといわれるが、幼帝に対する摂政はすでに定着していたから、前摂政への優遇措置と切り離されたことで成人の天皇に対する関白(または内覧)常置となったというのが正確である。良房が摂政の職掌をつとめてから一一〇年余がたっていた。

摂関政治の歴史的意義

こうして確立した摂関政治の歴史的意義はどこに求められるだろうか。私見を述べる前に、代表的な史論における摂関政治論をみてみよう。

最初に取り上げるのは良房一〇代の子孫にあたる摂関家出身の天台座主《てんだいざす》慈《じ》円《えん》▲が記した『愚管抄《ぐかんしょう》』である。平氏《へいし》政権から鎌倉幕府《かまくらばくふ》の成立、承久《じょうきゅう》の変《へん》にいたる「ムサ《武者》ノ世」の到来と、摂関政治とその担い手である摂関家が昔日の勢いを失っていくのを目の当りにした慈円は、歴史を「道理」の展開としてとらえた。摂関政治に直接かかわることとしては、「国王は天下の沙汰《さた》をして世をしずめ民を憐れむべきものなのに、どうして一〇歳にもならない人を国王にできようかという道理がある」としたうえで、「幼主といって四、五歳で即位するのはよくない、政務の処理ができる年齢になってから即位するべきだという人がいるだろうか」と問う。それに対して、「昔も今も即位するべきでない人が即位するということはないので、幼帝を避ければ皇位がたえてしまうから、この道理によれば幼帝を避けることはない」と述べて、幼帝即位を皇位・皇統の存続のためという理由で正当化する。

▼**慈円**　一一五五〜一二二五年。父は藤原忠通《ただみち》。一三歳で出家《しゅっけ》。同母の兄兼実《かねざね》が源頼朝《みなもとのよりとも》と提携して後鳥羽《ごとば》天皇の摂政となると、その後援もあって天台座主、護持僧《ごじそう》となる。後鳥羽天皇とは和歌《わか》を通じても親しかったが、天皇が反幕府《ばくふ》的姿勢を強めると距離をおくようになった。

そして、「国王には国王としての務めをよく果たしうる人がなるべきだが、日本国のならいとして国王の血筋でなければ国王にしてはならないと神代《じんだい》以来決まっている」。「国王が自分だけで政治をうまく行っていくことはむずかしいので、後見《こうけん》を用い相談しながら世をおさめていく」。天照大神《あまてらすおおみかみ》と八幡大菩薩《はちまんだいぼさつ》が天皇と後見の臣《しん》との関係を「魚水合体ノ礼」と定めたが、その後見を藤原氏が担うのは、皇祖神《こうそしん》天照大神が藤原氏の祖神天児屋根命《あめのこやねのみこと》に皇孫を護《まも》るように命じたという二神約諾《にしんやくだく》に基づくとする。衰えゆく摂関家と摂関政治を正当化するために、『日本書紀《にほんしょき》』に記されていた二神約諾が再生されたのである。そして、中《なか》臣鎌足《とみのかまたり》による蘇我《そが》氏誅滅《ちゅうめつ》、藤原永手《ながて》▲・百川《ももかわ》▲による光仁《こうにん》天皇擁立、基経による光孝天皇擁立を「藤氏《とうし》ノ三功《さんこう》」とし、冷泉天皇以後、「ヒシト天下ハ執政臣《しっせいのしん》ニツキタリトミ」え、摂関政治のもとで天皇は「幽玄《ゆうげん》ノサカイ」にあったとする。ただし、道長《みちなが》までは摂関が時の天皇を軽んじることはなかったが、後冷泉《ごれいぜい》天皇のとき、藤原頼通《よりみち》が「世ヲヒシトトラセ給シ後ニ、スコシハ君ヲアナヅリマイラセテ、世ヲワガ世ニ思ハレケルカタノマジリニケルヨ、ナドミユ」と述べる。

二神約諾による摂関政治の正当化は、南北朝《なんぼくちょう》内乱のなか、常陸国《ひたちのくに》小田《おだ》城で

▼**藤原永手**　七一四～七七一年。北家房前《ふささき》男。称徳《しょうとく》天皇没後、藤原良継《よしつぐ》・縄麻呂《ただまろ》・百川らとともに光仁天皇を擁立し、没後、太政大臣を贈られた。

▼**藤原百川**　七三二～七七九年。式家《しきけ》宇合《うまかい》男。光仁天皇擁立に功を立て、その信任をえて重要な政務で関与しないものはないといわれた。桓武天皇は百川がいなければみずからの即位はなかったと語った。娘旅子《たびこ》は淳和《じゅんな》天皇の母。

敵軍と対峙しながら、南朝の幼主後村上《ごむらかみ》天皇の訓育のために北畠親房《きたばたけちかふさ》▲が著わした『神皇正統記《じんのうしょうとうき》』にも受け継がれている。『愚管抄』は良房については清和の摂政をつとめたことにふれるのみであったが、『神皇正統記』では清和元服ののち良房が大権を返して白河《しらかわ》に閑居《かんきょ》したとし、「天皇は外孫《がいそん》なので、その後も権をもっぱらにしたとしても反対する人はいなかったが、良房は万事控えめで謙譲の心が深く、世事を逃れて心静かに暮すことを好み、つねには出仕もしなくなった」と述べている。親房の描く良房像が本書冒頭でふれた権力を追求したそれとは異なることは興味深い。なお、親房は後朱雀《ごすざく》天皇について述べるなかで、「執柄《しっぺい》(頼通)権ヲホシキママニセラレシカバ、御政《まつりごと》ノアトキコエズ。無念ナルコトニヤ」としている。

くだって、江戸《えど》時代の儒者《じゅしゃ》新井白石《あらいはくせき》▲が著わした『読史世論《とくしよろん》』は、「本朝《ほんちょう》天下の大勢、九変して武家《ぶけ》の代となり、武家の代また五変して当代(徳川氏《とくがわし》の治世)におよぶ」とする。良房の摂政を「外戚《がいせき》専権の始」として一変、基経が陽成を廃して光孝を立てたことで「天下の権、藤氏に帰す」「藤氏の権、おのづから日々盛也」として二変、冷泉天皇から後冷泉天皇まで「外戚、権を専にす」として三変

▼**北畠親房**　一二九三〜一三五四年。鎌倉《かまくら》後期から南北朝《なんぼくちょう》期の公家《くげ》で南朝の重臣。後醍醐《ごだいご》天皇の信任厚く、陸奥《むつ》・伊勢《いせ》・常陸《ひたち》などを転戦。正平《しょうへい》の一統を実現して入京するが、足利《あしかが》軍に追われて賀名生《あのう》に退き、そこで没した。

▼**新井白石**　一六五七〜一七二五年。江戸中期の儒学者《じゅがくしゃ》。徳川《とくがわ》六代将軍家宣《いえのぶ》・七代将軍家継《いえつぐ》に仕え幕政《ばくせい》に参与。著書に日本神話を論じた『古史通《こしつう》』、西洋事情書『西洋紀聞《せいようきぶん》』、西洋地理書『采覧異言《さいらんいげん》』、自伝『折《おり》たく柴《しば》の記』など。

としている。

　このようにみてくると、摂関政治を藤原氏の専権によるものとする理解が形成された過程が知られるのだが、それは天皇親政こそ日本の国体のあるべき姿と標榜した近代国家において定着していった。摂関政治のもとでは朝廷は儀式を行うだけの場となり、国政は摂関家の家政《かせい》機関政所《まんどころ》で家司《けいし》によって行われたとする政所政治論が唱えられ、太政官から発給される官符《かんぷ》・官宣旨《かんせんじ》にかわって摂関御教書《みぎょうしょ》や摂関家政所下文《くだしぶみ》が大きな効力をもつようになったとされた。

　戦後、そうした説に史料的根拠がないこと、天皇と摂関の関係についても摂関の専権や専制という理解が成り立たないことが指摘され、一九八〇年代以降は古記録に基づいた平安時代政治史研究が進展した。それを踏まえ、摂関政治の歴史的意義について述べておこう。

　かつては、天皇の果たすべき役割が小さくなったために摂関政治が成立したと説かれることがあった。幼帝即位は幼帝でも天皇がつとまるようになったから可能になったのであり、それは天皇の役割が小さくなった結果であると考えられたのである。しかし、もし天皇の役割が小さくなったのであれば、それを代行する存在は必要ないだろう。幼帝に対して摂政がおかれたのは、天皇の役割が依然として大きかったからにほかならない。

では、にもかかわらず、なぜ奈良《なら》時代にはなかった幼帝即位が行われるようになったのか。天皇制を含め、すべての世襲君主《くんしゅ》制の逃れがたい大きな課題の一つは、しかるべき正統な後継者を血縁者からみいだすことができるかどうかであり、今一つは、それが君主たるにふさわしい能力を備えた人物かどうかであった。奈良時代の皇位継承は、前者の課題について天武《てんむ》・草壁《くさかべ》直系男子を正統とすることで、後者については成人に達してからの即位によって対応しようとした。しかし、それが破綻した結果、天武系から天智《てんじ》系への皇統の移動が起こり、桓武《かんむ》は平城《へいぜい》・嵯峨《さが》・淳和《じゅんな》系と皇統を多系化することでさきの二つの課題に対応しようとした。が、皇統の多系化、結果的には嵯峨・仁明《にんみょう》系と淳和・恒貞《つねさだ》系の分化は貴族《きぞく》・官人《かんじん》層の分裂を惹起しかねなかったため、承和《じょうわ》の変で皇統一本化がはかられた。

ところが、一本化された仁明系皇統が文徳の死を迎えたとき、中継ぎに立てるにふさわしい者もなく、残された皇太子が九歳であったことは、成人でなければ即位できないというそれまでの天皇のあり方に照らせば、皇統、いや、天皇制そのものが大きな危機を迎えたのであった。そのとき、君主制の二つの課題のうち、正統に重きをおくのか、能力に重きをおくのか、残された貴族たちはこれまでの天皇史上誰も経験したことのない選択を迫られたのである。が、皇統一本化をはかったのが仁明系を唯一の正統と位置づけるためであったことからすれば、正統であることこそが優先されるべきであった。かくして正統を継ぐべく幼帝の即位となったのである。幼帝即位は皇統の正統性を優先させた結果であった。その意味では、慈円の指摘は正しい。

しかし、幼帝には天皇大権行使能力は期待できない。そこで摂政が必要とされた。臣下《しんか》に大権代行を担わせたのが摂政制成立の意義の一つであるが、より重要なことは、摂政設置により幼帝即位は天皇制の危機ではなくなったこと、すなわち、摂政に大権代行を委ねることで幼帝即位という天皇制の危機が克服されたことである。これ以後、幼帝即位が繰り返されるのはそのためである。しかも、幼帝即位が可能になったことによって、皇位継承者の成人を待つ必要がなくなり、皇位の安定的継承が可能になった。さらに、摂政としての大権代行の経験を活かして元服後の天皇を補佐させたのが関白である。摂政・関白と摂関政治は天皇を支え、天皇制を安定に導いたのである。ただし、摂政・関白は天皇あっての存在であり、摂関の存在感がいかに大きくみえようと、それが天皇を凌駕することなどありえなかった。

望月の栄華はこのもとで、天皇と摂政・関白が母后を介して血縁で結ばれ、后妃《こうひ》選定に摂政・関白と母后が関与して皇位継承を規定するというあり方がもっとも軌道に乗ったところに実現したのである。そして、それを安定的に支えたのは、十世紀に形成された律令制《りつりょうせい》にかわるあらたな支配の仕組みであった。

しかし、やがて満ちた月は欠け、咲き誇った花は散る。十一世紀半ば以降、摂関政治を支えた基盤はいずれも大きく変わっていった。頼通以後、摂関家による外戚《がいせき》の独占がくずれ、皇位継承は天皇、そして院《いん》(太上天皇)によって決定されるようになった。院政《いんせい》は、白河《しらかわ》天皇が父後三条《ごさんじょう》天皇の皇位継承構想に反して、みずからの血脈に皇位を継承させようとしたことに始まる。ここに、摂政・関白と摂関政治が支えた天皇そのものを左右できる存在が出現したのである。院は天皇に対しては直系尊属として、また摂関を含む貴族層に対しては前君主として君臨した。ただし、院政のもとでも摂政・関白は任命されており、摂関政治は継続していたといえる。しかし、すでに白河院政初期から、堀河《ほりかわ》天皇の摂政をつとめた藤原師実《もろざね》は重要事項についてはあらかじめ白河院の意向をうかがったり、決裁をあおいだりしていた。堀河天皇元服後は天皇と関白によって政務が処理されるようになるが、天皇と関白が判断に迷った場合には白河院の決裁があおがれ、それが定着していった。

時代は中世社会の形成に向かって歩を早めており、十世紀以来の支配の仕組みでは対応できなくなっていた。それは、天皇や貴族には摂関政治が依拠してきた前例や先例では対応できない事態と認識された。そうした事態への対応を最終的に担ったのが院だったのであり、院政が必要とされたのはそのためであった。院政は摂関政治を否定したのでなく、摂関政治とそれが支えた天皇を、いわばまるごと飲み込んだのである。摂関政治が安定した支配の仕組みのうえで天皇と貴族社会を支えたのに対し、院政は中世への激動に対応しながら、院のもとに天皇と貴族社会を再編し、そのあり方を大きく変えていったのであった。

保立道久『黄金国家　東アジアと平安日本』青木書店, 2004年
村井章介「王土王民思想と九世紀の転換」『思想』847, 1995年
目崎徳衛『貴族社会と古典文化』吉川弘文館, 1995年
森田悌『平安時代政治史研究』吉川弘文館, 1978年
山内晋次『奈良平安期の日本とアジア』吉川弘文館, 2003年
山下克明「平安時代初期における『東宮』とその所在地について」『古代文化』33-12, 1981年
山本武夫『気候の語る日本の歴史』そしえて, 1976年
吉川真司『日本の時代史５　平安京』吉川弘文館, 2002年
吉川真司「九世紀の調庸制—課丁数の変化と偏差—」角田文衞監修・古代学協会編『仁明朝史の研究　承和転換期とその周辺』思文閣出版, 2011年
渡邊誠『平安時代貿易管理制度史の研究』思文閣出版, 2012年

写真所蔵・提供者一覧（敬称略, 五十音順）
一乗寺・奈良国立博物館（撮影　森村欣司）　p.50
宮内庁　p.15
宮内庁京都事務所　扉
公益財団法人出光美術館　カバー表・裏, p.56, 57, 63
公益財団法人陽明文庫　p.72左
青蓮院門跡・ヨコヤマ写真事務所　p.53上
田中家・中央公論新社　p.53下
唐招提寺　p.81
仁和寺　p.72右
比叡山延暦寺・東京国立博物館 Image：TNM Image Archives　p.9

参考文献

荒木敏夫『日本古代王権の研究』吉川弘文館, 2006年
石上英一「古代国家と対外関係」『講座日本歴史』2, 東京大学出版会, 1984年
筧敏生『古代王権と律令国家』校倉書房, 2002年
片桐洋一『古今和歌集全評釈』(上), 講談社, 1998年
金子元臣『古今和歌集評釋』昭和新版, 明治書院, 1927年
神谷正昌「紫宸殿と節会」『古代文化』43-12, 1991年
神谷正昌「平安時代の王権と摂関政治」『歴史学研究』768, 2002年
神谷正昌「承和の変と応天門の変—平安初期の王権形成—」『史学雑誌』111-11, 2002年
栗原弘『平安前期の家族と親族』校倉書房, 2008年
黒田日出男『謎解き伴大納言絵巻』小学館, 2002年
河内祥輔『古代政治史における天皇制の論理』吉川弘文館, 1986年
河内祥輔『日本中世の朝廷・幕府体制』吉川弘文館, 2007年
今正秀「摂政制成立考」『史学雑誌』106-1, 1997年
今正秀「摂政制成立再考」『国史学』197, 2009年
佐伯有清『伴善男』吉川弘文館, 1970年
佐伯有清『最後の遣唐使』講談社, 1987年
佐伯有清「円仁書状の史的背景」『智証大師伝の研究』吉川弘文館, 1989年
坂上康俊「関白の成立過程」笹山晴生先生還暦記念会編『日本律令制論集』下, 吉川弘文館, 1993年
坂上康俊『日本の歴史05　律令国家の転換と「日本」』講談社, 2001年
坂上康俊「初期の摂政・関白について」笹山晴生編『日本律令制の展開』吉川弘文館, 2003年
坂本賞三『日本王朝国家体制論』東京大学出版会, 1972年
坂本賞三「関白の創始」『神戸学院大学人文学部紀要』3, 1991年
坂本太郎「藤原良房と基経」『歴史と人物』吉川弘文館, 1989年
佐々木恵介『天皇の歴史03　天皇と摂政・関白』講談社, 2011年
笹山晴生『平安の朝廷』吉川弘文館, 1993年
佐藤長門『日本古代王権の構造と展開』吉川弘文館, 2009年
寒川旭『地震の日本史　大地は何を語るのか 増補版』中央公論新社, 2011年
下向井龍彦『日本の歴史07　武士の成長と院政』講談社, 2001年
玉井力「承和の変について」『歴史学研究』286, 1964年
土田直鎮『奈良平安時代史研究』吉川弘文館, 1992年
角田文衞『王朝の映像』東京堂出版, 1970年
角田文衞総監修, 古代学協会・古代学研究所編集『平安京提要』角川書店, 1994年
西本昌弘「古代国家の政務と儀式」『日本古代の王宮と儀礼』塙書房, 2008年
橋本義彦『平安貴族』平凡社, 1986年
春名宏昭「平安期太上天皇の公と私」『史学雑誌』100-3, 1991年
福井俊彦「藤原良房の任太政大臣について」『史観』75, 1967年
福井俊彦「承和の変についての一考察」『日本歴史』260, 1970年
古瀬奈津子『摂関政治』岩波書店, 2011年
保立道久『平安王朝』岩波書店, 1996年

藤原良房とその時代

西暦	年号	齢	お も な 事 項
804	延暦23	1	藤原良房，藤原冬嗣・藤原美都子の二男として誕生
806	大同元	3	*3-17* 桓武天皇没。平城天皇践祚
809	4	6	*4-1* 平城天皇譲位。嵯峨天皇受禅
810	弘仁元	7	*9-* 平城太上天皇の変。高丘親王廃太子。大伴親王立太子
823	14	20	*4-16* 嵯峨天皇譲位。淳和天皇受禅
825	天長2	22	*1-* 蔵人となる(826年とする説もある)
826	3	23	*7-* 父冬嗣没
828	5	25	*1-* 従五位下に叙され，蔵人を去る
830	7	27	*5-* 春宮亮となる
833	10	30	*2-28* 淳和天皇譲位。仁明天皇受禅。*2-* 蔵人頭となる
834	承和元	31	*1-* 遣唐使が任命される。*7-* 参議となる
835	2	32	*4-* 権中納言となる
840	7	37	*5-* 淳和太上天皇没
842	9	39	*7-* 嵯峨太上天皇没。右近衛大将となる。承和の変。大納言となる。恒貞親王廃太子。 *8-5* 良房妹順子所生道康親王立太子
848	嘉祥元	45	*1-* 右大臣となる
850	3	47	*3-21* 仁明天皇没。文徳天皇践祚。良房娘明子所生惟仁親王立太子
851	仁寿元	48	*3-10* 東一条第で故仁明天皇のために法華経講読
853	3	50	*2-30* 文徳天皇，良房の染殿第に行幸し，桜花をみる
855	斉衡2	52	*2-17* 良房・伴善男らに『続日本後紀』撰修が命じられる
857	天安元	54	*2-19* 太政大臣となる
858	2	55	*8-27* 文徳天皇没。清和天皇践祚。良房摂政をつとめる
859	貞観元	56	*8-* 大安寺僧行教，宇佐八幡宮を石清水に勧請
863	5	60	*5-20* 神泉苑で御霊会。*10-21* 天皇，良房六十賀を行う
864	6	61	*1-* 清和天皇元服。良房，摂政辞意を表するも認められず。 *2-25* 天皇，良房の染殿第の花宴に臨む。 冬，大病をわずらう
866	8	63	閏*3-1* 天皇，良房の染殿第行幸。閏*3-10* 応天門炎上。 *8-19* 良房に「天下の政を摂行せよ」との勅。*9-22* 伴善男らを応天門放火の罪により流罪に処する
868	10	65	*2-13* 応天門再建始まる
869	11	66	*2-1* 良房養女高子所生貞明親王立太子。*8-14*『続日本後紀』撰上
871	13	68	*4-10* 准三宮とされる。*9-28* 妹順子没。*10-21* 応天門再建
872	14	69	*2-15* 咳病により宮中直廬から東一条第へ遷る。*9-2* 没。 *9-4* 美濃公・忠仁公とし，山城国愛宕郡白川辺にほうむる

今 正秀(こん まさひで)
1963年生まれ
広島大学大学院博士課程後期単位取得
専攻，平安時代史を中心とする日本古代・中世史
現在，奈良教育大学教授
主要著書・論文
『敗者の日本史 3　摂関政治と菅原道真』(吉川弘文館2013)
「摂政制成立考」(『史学雑誌』第106編第1号1997)
「摂政制成立再考」(『国史学』197号2009)
「阿衡問題考」(『日本史研究』621号2014)
「摂関期の政治と国家」(『歴史学研究』950号2016)

日本史リブレット人 015
藤原《ふじわら》 良房《のよしふさ》
天皇制を安定に導いた摂関政治
2012年7月20日　1版1刷　発行
2019年9月15日　1版2刷　発行
著者：今《こん》 正秀《まさひで》
発行者：野澤伸平
発行所：株式会社 山川出版社
〒101－0047　東京都千代田区内神田1－13－13
電話 03(3293)8131(営業)
03(3293)8135(編集)
https://www.yamakawa.co.jp/
振替 00120-9-43993
印刷所：明和印刷株式会社
製本所：株式会社 ブロケード
装幀：菊地信義

Printed in Japan ISBN 978-4-634-54815-2

日本史リブレット 人

1 卑弥呼と台与——仁藤敦史
2 倭の五王——森　公章
3 蘇我大臣家——佐藤長門
4 聖徳太子——大平　聡
5 天智天皇——須原祥二
6 天武天皇と持統天皇——義江明子
7 聖武天皇——寺崎保広
8 行基——鈴木景二
9 藤原不比等——坂上康俊
10 大伴家持——鐘江宏之
11 桓武天皇——西本昌弘
12 空海——曾根正人
13 円珍と円仁——平野卓治
14 菅原道真——大隅清陽
15 藤原良房——今　正秀
16 宇多天皇と醍醐天皇——川尻秋生
17 平将門と藤原純友——下向井龍彦
18 源信と空也——新川登亀男
19 藤原道長——大津　透
20 清少納言と紫式部——丸山裕美子
21 後三条天皇——美川　圭
22 源義家——野口　実
23 奥州藤原三代——斉藤利男
24 後白河上皇——遠藤基郎
25 平清盛——上杉和彦
26 源頼朝——高橋典幸
27 重源と栄西——久野修義
28 法然——平　雅行
29 北条時政と北条政子——関　幸彦
30 藤原定家——五味文彦
31 後鳥羽上皇——杉橋隆夫
32 北条泰時——三田武繁
33 日蓮と一遍——佐々木馨
34 北条時宗と安達泰盛——福島金治
35 北条高時と金沢貞顕——永井　晋
36 足利尊氏と足利直義——山家浩樹
37 後醍醐天皇——本郷和人
38 北畠親房と今川了俊——近藤成一
39 足利義満——伊藤喜良
40 足利義政と日野富子——田端泰子
41 蓮如——神田千里
42 北条早雲——池上裕子
43 武田信玄と毛利元就——鴨川達夫
44 フランシスコ＝ザビエル——浅見雅一
45 織田信長——藤田達生
46 徳川家康——藤井譲治
47 後水尾天皇と東福門院——山口和夫
48 徳川光圀——鈴木暎一
49 徳川綱吉——福田千鶴
50 渋川春海——林　淳
51 徳川吉宗——大石　学
52 田沼意次——深谷克己
53 遠山景元——藤田　覚
54 酒井抱一——玉蟲敏子
55 葛飾北斎——小林　忠
56 塙保己一——高埜利彦
57 伊能忠敬——星埜由尚
58 近藤重蔵と近藤富蔵——谷本晃久
59 二宮尊徳——舟橋明宏
60 平田篤胤と佐藤信淵——小野　将
61 大原幽学と飯岡助五郎——高橋　敏
62 ケンペルとシーボルト——松井洋子
63 小林一茶——青木美智男
64 鶴屋南北——諏訪春雄
65 中山みき——小澤　浩
66 勝小吉と勝海舟——大口勇次郎
67 坂本龍馬——井上　勲
68 土方歳三と榎本武揚——宮地正人
69 徳川慶喜——松尾正人
70 木戸孝允——一坂太郎
71 西郷隆盛——徳永和喜
72 大久保利通——佐々木克
73 明治天皇と昭憲皇太后——佐々木隆
74 岩倉具視——坂本一登
75 後藤象二郎——鳥海　靖
76 福澤諭吉と大隈重信——池田勇太
77 伊藤博文と山県有朋——西川　誠
78 井上馨——神山恒雄
79 河野広中と田中正造——田崎公司
80 尚泰——川畑　恵
81 森有礼と内村鑑三——狐塚裕子
82 重野安繹と久米邦武——松沢裕作
83 徳富蘇峰——中野目徹
84 岡倉天心と大川周明——塩出浩之
85 渋沢栄一——井上　潤
86 三野村利左衛門と益田孝——森田貴子
87 ボアソナード——池田眞朗
88 島地黙雷——山口輝臣
89 児玉源太郎——大澤博明
90 西園寺公望——永井　和
91 桂太郎と森鷗外——荒木康彦
92 高峰譲吉と豊田佐吉——鈴木　淳
93 平塚らいてう——差波亜紀子
94 原敬——季武嘉也
95 美濃部達吉と吉野作造——古川江里子
96 斎藤実——小林和幸
97 田中義一——加藤陽子
98 松岡洋右——田浦雅徳
99 溥儀——塚瀬　進
100 東条英機——古川隆久

〈白ヌキ数字は既刊〉